新时代：中国道路的延伸与使命

中国发展动态（2012）

北京大学法治研究中心　编著

中信出版集团 · 北京

图书在版编目（CIP）数据

新时代：中国道路的延伸与使命 / 北京大学法治研究中心编著 . -- 北京：中信出版社，2018.4
（中国道路丛书）
ISBN 978-7-5086-8705-6

I. ① 新… II. ① 北… Ⅲ . ① 中国特色社会主义 - 社会主义建设模式 - 研究 Ⅳ . ① D616

中国版本图书馆 CIP 数据核字（2018）第 044484 号

新时代：中国道路的延伸与使命

编　　著：北京大学法治研究中心
出版发行：中信出版集团股份有限公司
（北京市朝阳区惠新东街甲 4 号富盛大厦 2 座　邮编　100029）
承 印 者：北京鹏润伟业印刷有限公司

开　　本：787mm×1092mm　1/16　　印　　张：16.75　　字　　数：228 千字
版　　次：2018 年 4 月第 1 版　　印　　次：2018 年 4 月第 1 次印刷
广告经营许可证：京朝工商广字第 8087 号
书　　号：ISBN 978-7-5086-8705-6
定　　价：55.00 元

《中国道路丛书》学术委员会

《中国道路丛书》总序言

中华人民共和国成立60多年以来，中国一直在探索自己的发展道路。特别是在改革开放30多年的实践中，努力寻求既发挥市场活力，又充分发挥社会主义优势的发展道路。

改革开放推动了中国的崛起。怎样将中国的发展经验进行系统梳理，构建中国特色的社会主义发展理论体系，让世界理解中国的发展模式？怎样正确总结改革与转型中的经验和教训？怎样正确判断和应对当代世界的诸多问题和未来的挑战，实现中华民族的伟大复兴？这都是对中国理论界的重大挑战。

为此，我们关注并支持有关中国发展道路的学术中一些有价值的前瞻性研究，并邀集各领域的专家学者，深入研究中国发展与改革中的重大问题。我们将组织编辑和出版反映与中国道路研究有关的成果，用中国理论阐释中国实践的系列丛书。

《中国道路丛书》的定位是：致力于推动中国特色社会主义道路、制度、模式的研究和理论创新，以此凝聚社会共识，弘扬社会主义核心价值观，促进立足中国实践、通达历史与现实、具有全球视野的中国学派的形成；鼓励和支持跨学科的研究和交流，加大对中国学者原创性理论的推动和传播。

《中国道路丛书》的宗旨是：坚持实事求是，践行中国道路，发展中国学派。

始终如一地坚持实事求是的认识论和方法论。总结中国经验、探讨中国模式，应注重从中国现实而不是从教条出发。正确认识中国的国情，正确认识中国的发展方向，都离不开实事求是的认识论和方法论。一切从实际出发，以实践作为检验真理的标准，通过实践推动认识的发展，这是中国共产党的世纪奋斗历程中反复证明了的正确认识路线。违背它就会受挫失败，遵循它就能攻坚克难。

毛泽东、邓小平是中国道路的探索者和中国学派的开创者，他们的理论创新始终立足于中国的实际，同时因应世界的变化。理论是行动的指南，他们从来不生搬硬套经典理论，而是在中国建设和改革的实践中丰富和发展社会主义理论。我们要继承和发扬这种精神，摒弃无所作为的思想，拒绝照抄照搬的教条主义，只有实践才是真知的源头。《中国道路丛书》将更加注重理论的实践性品格，体现理论与实际紧密结合的鲜明特点。

坚定不移地践行中国道路，也就是在中国共产党领导下的中国特色社会主义道路。我们在经济高速增长的同时，也遇到了来自各方面的理论挑战，例如，将改革开放前后两个历史时期彼此割裂和截然对立的评价；再如，极力推行西方所谓“普世价值”和新自由主义经济理论等错误思潮。道路问题是大是大非问题，我们的改革目标和道路是高度一致的，因而，要始终坚持正确的改革方向。历史和现实都告诉我们，只有社会主义才能救中国，只有社会主义才能发展中国。在百年兴衰、大国博弈的历史背景下，中国从积贫积弱的状态中奋然崛起，成为世界上举足轻重的大国，成就斐然，道路独特。既不走封闭僵化的老路，也不走改旗易帜的邪路，一定要走中国特色的社会主义正路，这是我们唯一正确的选择。

推动社会科学各领域中国学派的建立，应该成为致力于中国道路探讨的有识之士的宏大追求。正确认识历史，正确认识现实，积极促进中国学者原创性理论的研究，那些对西方理论和价值观原教旨式的顶礼膜拜的学风，应当受到鄙夷。古今中外的所有优秀文明成果，我们都应该兼收并蓄，但绝不可泥古不化、泥洋不化，而要在中国道路的实践中融会贯通。以实践创新推动理论创新，以理论创新引导实践创新，从内容到形式，从理论架构到话语体系，一以贯之地奉行这种学术新风。我们相信，通过艰苦探索、努力创新得来的丰硕成果，将会在世界话语体系的竞争中造就立足本土的中国学派。

《中国道路丛书》具有跨学科及综合性强的特点，内容覆盖面较宽，开放性、系统性、包容性较强。其分为学术、智库、纪实专访、实务、译丛等类型，每种类型又涵盖不同类别，例如在学术类中就涵盖文学、历史学、哲学、经济学、政治学、社会学、法学、战略学、传播学等领域。

这是一项需要进行长期努力的理论基础建设工作，这又是一项极其艰巨的系统工程。基础理论建设严重滞后，学术界理论创新观念不足等现状是制约因素之一。然而，当下中国的舆论场，存在思想乱象、理论乱象、舆论乱象，流行着种种不利于社会主义现代化事业和安定团结的错误思潮，迫切需要正面发声。

经过60多年的社会主义道路奠基和30多年的改革开放，我们积累了丰富的实践经验，迫切需要形成中国本土的理论创新和中国话语体系创新，这是树立道路自信、制度自信、理论自信、文化自信，在国际上争取话语权所必须面对的挑战。我们将与了解中国国情，认同中国改革开放发展道路，有担当精神的中国学派，共同推动这项富有战略意义的出版工程。

中信集团在中国改革开放和现代化建设中曾经发挥了独特的作用，它不仅勇于承担大型国有企业经济责任和社会责任，同时也勇于承担政治责任。它不仅是改革开放的先行者，同时也是中国道路的践行者。中信将以历史担当的使命感，来持续推动中国道路出版工程。

2014 年 8 月，中信集团成立了中信改革发展研究基金会，构建平台，凝聚力量，致力于推动中国改革发展问题的研究，并携手中信出版社共同进行《中国道路丛书》的顶层设计。

《中国道路丛书》的学术委员会和编辑委员会，由多学科多领域的专家组成。我们将进行长期的、系统性的工作，努力使《中国道路丛书》成为中国理论创新的孵化器，中国学派的探讨与交流平台，研究问题、建言献策的智库，传播思想、凝聚人心的讲坛。

孔丹

2015年10月25日

新时代：中国道路的延伸与使命

中国发展动态（2012）

主　　编：邵六益　李　柯

编　　辑（按姓氏笔画排序）：

于　翔　马毅豪　叶　蕤　史志强　冯　源　朱彩云

仲启群　刘欢骅　孙竞超　苏秋纳　李　柯　李　琳

杨煜超　吴　双　张　可　张佳俊　张　强　邵六益

范阅倩　林　凯　林熙翔　卓增华　姚　姚　鲁昊源

曾诗洋　强嫣青　戴明明

《动态中国丛书》出版说明

党的十八大以来的5年，是中国发展进程中极不平凡的5年，这5年，中国的改革开放和社会主义建设取得历史性的成就。中国从毛泽东时代的“站起来”、邓小平时代的“富起来”开始进入习近平时代的“强起来”。如果说在过去一些年，国内外学者普遍关注“中国崛起”这个话题，并试图在理论上解释中国为什么会崛起，那么最近一些年他们更加关注中国崛起对世界意味着什么，一个强大的中国为世界贡献了什么，中国的复兴能不能为世界发展提供新的发展模式和发展道路，并为其他国家提供中国经验和中国智慧。

近代以来，中国由于遭受列强侵略，社会经济文化相对落后，中华民族一度处于被动挨打地位，中国一直在探索独立和复兴之路。直至一百年前十月革命一声炮响，给中国送来了马克思列宁主义，在马克思列宁主义同中国革命的结合过程中，中国共产党应运而生。中国共产党从成立的第一天起，就义无反顾地肩负起实现中华民族伟大复兴的历史使命，团结带领中国人民走出山河破碎、内忧外患、战争连绵的黑暗境地，并通过长期的革命和建设，建立起繁荣富强的社会主义新中国。

无论是中国革命道路，还是中国社会主义建设道路，中国在探索现代化道路的过程中始终保持着独立自主的政治品格，这构成毛泽东时代、邓小平时代和习近平时代在与时俱进中不断变化的内在连续性，由此走出了一条既具有鲜明中国特色、又深具辐射力的现代化道路。党的十九大报告明确指出，中国的探索“拓展了发展中国家走向现代化的途径，给世界上那些既希望加快发展又希望保持自身独立性的国家和民族提供了全新选择，为解决人类问题贡献了中国智慧和中国方案”。这就意味着，中国走出了一条具有普遍意义的现代化道路。而要理解这条现代化道路的意涵，就必须知道“中国在做什么”，理解“中国在想什么”。这就是我们编辑出版《动态中国丛书》的出发点。

北京大学法治研究中心以2012年中国进入新时代为开端，以智库报告的方式编辑《动态中国丛书》，该丛书包括：“中国发展动态”、“中国思想动态”、“中国法治动态”和“中国港澳动态”。“中国发展动态”着力展现中央推出的各项重大改革政策，包括国家发展战略、政治体制、行政管理、经济民生、文化思想等领域推出的各项改革措施和公共政策，地方政府有创新的改革措施也有所收录。“中国思想动态”旨在跟踪和记录公共知识界就国际重大事件、全球发展格局与走向的思考，就中国发展战略和发展道路以及政治、经济和社会文化领域的思考和辩论。“中国法治动态”旨在跟踪和记录中国在推动法治发展过程中，在立法、执法、司法等领域推出的重大改革举措，以及引发争议的重大案件和法律热点争论等。“中国港澳动态”旨在跟踪和记录中央治理港澳特区的有关政策和举措，港澳特区在政治、经济、司法、民生、文化思想领域的重大事件和发展变化。我们在每月分类整理的基础上形成年度综述报告。如果我们将这些年度综述报告串起来，就可以清晰地呈现习近平新时代中国特色社会主义道路是怎样一步一步走出来的，以及在这一历史进程中，中国在想什么，中国在做什么。

《动态中国丛书》基于对全年度重大事项的记录整理，不仅提供了丰富而生动的具体事项，而且展现出一幅易于把握的历史全景。作为智库报告，我们不是从主观学术立场出发来判断中国的发展走向并由此提供政策建议；相反，我们希望尽可能以一种客观、中立的立场来记载中国究竟在发生什么。因此，每年的年度报告更多是一种客观的综述而不是主观的理论构建，每个人都可以根据这些历史资料进行不同的解读。我们希望《动态中国丛书》成为学术界在研究和思考中国问题时备查的历史资料书。然而，任何历史记录总是会受到编者的关注点和信息搜集能力的限制。我们期待更多人尝试这样的工作，以不同的叙事线索，串起那些散落的珍珠。随着时间的推移，这些记录工作的意义也将与日俱增：当读者站在未来某一时点回顾中国发展历程，他们将能更清晰地看到中国道路是如何从过去某一时点延伸到他们的脚下，由此也能更好地理解当代中国那些看似平淡无奇的思考和实践，究竟是如何在世界历史进程中获得其普遍性的。

需要说明的是，《动态中国丛书》的编辑是一项集体合作的事业。由于相关资料来源的局限性，难免会遗漏一些重大主题。加之我们的专业水平有限，对相关主题的挑选与整理也难免有所偏差。同时，为保持历史脉络的连续性和真实性，书稿中对相关政策事件的表述与评论仍保留当时的分析判断。凡此种种缺点，希望读者见谅。

《动态中国丛书》的编辑和撰写得益于香港丽达集团、香港敏华控股有限公司的支持。同时，要感谢中信改革发展研究基金会理事长孔丹先生和中信出版社副总编辑季红女士，正是他们的重视与远见，使得本丛书以智库报告形式进入《中国道路丛书》。季红副总编辑认真通读了整个报告，从书名、体例到报告内容乃至编辑细节都提出了专业的修改意见，许多内容都是经过反复修改之后才确定下来。中信出版社罗卫平、谭惠芳等编辑做了大量的联系组织工作，没有她们的努力，这套丛书不会以这种方式与大家见面。

《动态中国丛书》编委会

2018 年 3 月

目 录

第一部分 **中国发展动态年度报告（2012）**

导 言 / 003

一、转型中的世界观 / 007

（一）将对外经济政策纳入整体大国战略 / 008

（二）争夺太空资源 / 009

（三）重塑陆上秩序 / 011

（四）传统陆地国家的海洋战略 / 014

（五）参与制定国际规则 / 017

二、不断清晰的政治道路 / 019

（一）权力交接的宪法惯例 / 020

（二）执政党的组织建设 / 025

（三）执政党的作风建设 / 027

（四）凝聚政治共识 / 029

三、经济发展的中国道路 / 030
（一）经济的新形势 / 031
（二）统筹城乡和区域发展 / 036
四、转型期的社会构建 / 044
（一）行政与事业单位改革 / 045
（二）明确社会主义核心价值观 / 047
五、统筹“两个大局”的新阶段 / 053

第二部分 **中国发展动态月度报告（2012）**

1 月 “三农”顶层设计逐渐成形 / 059
中央纪委七次全会首提保持党的纯洁性 / 060
新时期“三农”工作路线图显出雏形 / 062
全国金融工作会议强调金融服务实体经济 / 065
全国能源工作会议确立“稳中求进”的政策基调 / 067
高等教育改革着眼现代大学制度建设 / 070
七省市开展碳权交易试点 / 072
现代农业五年发展规划出台 / 075
2 月 户籍改革助力城镇化进程 / 079
中共中央加强党外代表人士队伍建设 / 080
政府将立足三维度推动文化事业发展 / 083
国务院出台《质量发展纲要（2011—2020 年）》/ 085
国办推户籍新政，促城镇化提速 / 087
公务员回避制度渐趋成熟 / 089
3 月 非公有制企业党建提速 / 093
在全社会推进学雷锋活动常态化 / 094
中共中央着力加强非公企业党建 / 096

医改进入攻坚阶段 / 098
国家密集关注水务事业发展 / 101
全国民政工作会议力推社会管理服务创新 / 103
我国出台海岛管理新举措 / 105
国务院明确经济体改年度重点 / 108
中央加强廉政建设防“人亡政息” / 110
4 月 事业单位迎来全面改革 / 113
军队强调“讲政治、顾大局、守纪律” / 114
事业单位改革“顶层设计”面世 / 117
中国高铁建设重新启程 / 120
四川省全面清理行政权力 / 122
中国首次组建国家海洋调查船队 / 124
三部委推进“新农合”支付方式改革 / 126
社工人才培养及职业发展提上议事日程 / 128
5 月 国家多方促进海洋经济发展 / 131
中央创新统战工作，保障民主党派换届顺利 / 132
政府确定文化发展具体途径 / 134
国家采取多措施加速海洋经济开发 / 137
国家政务信息化工程建设全面铺开 / 140
重点流域“五年规划”塑造治污新格局 / 142
6 月 创新型国家建设成施政热点 / 145
两岸关系即将进入新阶段 / 146
中国人权事业再添新章 / 148
政府力推创新型国家建设 / 150
“老少边穷”地区发展提速 / 153
出台财金新政扶持中小企业发展 / 155

7 月　中央定调党的十八大 / 159
中央领导人在党的十八大前发表重要讲话 / 160
省级党委换届体现出执政党的用人新导向 / 162
国务院推动解决红十字事业危机 / 165
政府拟定公共服务体系制度框架 / 167
国务院印发《少数民族事业“十二五”规划》/ 169
中国战略性新兴产业“五年规划”面世 / 171
农村中小学布局将重新调整 / 172
8 月　国家推动新医改提速 / 175
党的十八大选举集中反映党内民主新发展 / 176
中国启动建立城乡居民大病保险制度 / 178
9 月　地方推行碳交易试点工作 / 181
钓鱼岛问题之中国态度 / 182
我国向联大表达外交政策基本立场 / 184
政府提出城镇化新思路 / 186
组织部门酝酿“大学生村官”新政 / 188
部分地方开展碳交易规则创新试验 / 191
中国创新体系建设进入新阶段 / 193
10 月　创先争优常态化夯实执政基础 / 197
解放军重大人事调整引发关注 / 198
中央推进创先争优常态化、长效化 / 200
稳中求变：2012 年经济“新政”解读 / 202
国新办发布《中国的能源政策（2012）》白皮书 / 204
外交部成立国际经济司 / 206
广东省推出从严治党新措施 / 208
中国启动泛亚铁路中国—老挝段建设工程 / 210

中美俄三公司联合成立信用评级组织 / 212

11 月 党的十八大顺利召开 / 215

党的十八大报告彰显执政新特性 / 216

中央领导集体换届开启政治新周期 / 219

海洋局正式印发《省级海洋功能区划》/ 223

民政部公布《志愿服务记录办法》/ 225

湖北省出台全国首个推进社会领域防治腐败工作意见 / 226

12 月 北斗导航系统助推中国实力提升 / 229

“八项规定”拉开执政党作风建设大幕 / 230

中央经济工作会议定调发展方向 / 233

中央农村工作会议增添“三农”工作新内容 / 235

铁门关、阿拉山口设市推进边疆治理模式转型 / 238

国家人才人事制度改革将采取新措施 / 240

中国建成自主可控的卫星导航系统 / 242

部分地方开展“智慧城市”建设试点 / 245

第一部分

中国发展动态年度报告

（2012）

导　言

2012年是中国转型的关键之年，国内外局势发生了标志性变化。在国内，政治方面，中国继续积极稳妥地推进政治体制改革。党的十八大顺利召开，选举产生了新一届中央领导集体，又一次实现了具有历史意义的中央领导集体权力的平稳交接和过渡。经济方面，2012年是我国经济结构调整、战略转型的关键一年。中国经济既要完成从资本与外需驱动的成本推动阶段向技术、消费与人力资本驱动的内生性增长阶段转变，以真正实现有效经济增长；更要通过制度平台和配套执行，实现经济增长福利效应的社会全覆盖。在对外关系上，伴随中国经济的持续稳定增长，综合国力不断跃升新台阶，由国际金融危机导致的经济衰退和市场萎缩还在继续，全球经济复苏进程缓慢，中国的对外经济环境趋于恶化。另外，以美国为首的西方国家不愿看到中国强大和中国模式影响扩大，在战略上坚持甚至强化对华遏制。在这种新的历史条件下，“不管国际风云如何变化，一心埋头干好自家事”的思维，已经难以适应时代发展，“韬光养晦”显然已经不足以容纳和支撑外部环境和自身实力的显著改变，中国应该以更积极的态度参与国际事务，同时也使外部世界对这个崛起中的大国免于恐惧。中国从“韬光养晦”的战略姿态转向“以更加积极的姿态参与国际事务”，这不仅是对外政策上的变化，更是治国理政上的一场“大转型”，为中国内部的政治整合打开了新的空间。

自从1840年鸦片战争，尤其是1894年甲午战争以来，中国被抛入“列国并立”的国际局势，外部环境对于中国内政外交乃至前途命运的影响急剧上升。中国内政的每一次重大选择，都与国际局势的演变分不开。随着维也纳体系瓦解，第一次世界大战之后，在美英等国的操纵之下，巴黎和会与华盛顿会议先后召开，确立了凡尔赛—华盛顿体系，建立了战后国际新秩序，使中国又回复到几个帝国主义国家共同支配的局面，中国走上了国民革命与新民主主义革命的道路；随着第二次世界大战结束，凡尔赛—华盛顿体系转变为雅尔塔体系，中国国内两条道路、两种命运之间的对抗加剧，最终有了中华人民共和国的诞生；20世纪50年代初中国实行“一边倒”的外交战略，当时的社会主义建设对苏联模式也多有引鉴，但随着中苏交恶，中国开始了在苏联模式之外的新探索；1972年尼克松访华之后，中美外交关系揭开了新的一页，中国获得了相对稳定的外部环境，缓解了自身在国家安全上面临的威胁和压力。中国在结束“文化大革命”后，开始实行改革开放，更是为中国未来发展拓宽道路。

“冷战”的骤然落幕，使得中国结束了20世纪80年代在美苏之间“保持平衡”的局面，中国开始面对一个由美国单极霸权支配的国际体系。1990年，面对国际局势的剧变，当时的中国领导人确立了“冷静观察、稳住阵脚、沉着应付、韬光养晦、有所作为”的“韬光养晦”战略：不打旗、不当头，不挑战美国的全球霸权，在已有的全球秩序下寻求发展；不扩张、不称霸，与其他国家和睦共处。中国埋头于自身的发展，在联合国安理会的投票上慎用否决权，很少参与和自身利益没有直接关系的其他区域的事务。不仅如此，中国还积极寻求加入美国主导的WTO（世界贸易组织），通过开拓新的国际市场，来发展自身。简而言之，这是一种“韬光养晦”的国际战略，在总体上成功地促进了国力的增强。“冷战”结束之初，美国将中国看作可以“改造”并纳入美国主导的国际体系的国家。中国及时抓住了西方发达国家进行产业转移的契机，实行对外开放，吸引外资，汲取先进的技术与管理经验来发展自身。从1992年到2011年，中国的对外贸易总额占世界总额的比例从0.02%上升到10%，中国已经成为名副其实的“世界工厂”。2006年，中国成为世界上最大的外汇储备国；2008年，北京成功举办奥运会；2010年，中国的经济总量超过日本，成为世界第二大经济体，同年上海成功举办世博会；最后，更为重要的是，中国自身的经济发展对世界的影响越来越大，如中国在能源上的对外依存度提高，石油、铁矿石的进口量均逐年递增，等等。

这种“韬光养晦”的国际战略与中国当时在国内所强调的发展指导思想一致。一段时间以来，中国并不强调、不争论姓资还是姓社的问题，在保持“稳定”的外部环境的条件下，坚持以经济建设为中心，大力吸引国外资本，汲取先进的技术与管理经验，缩小与发达国家的差距，为中国集中力量发展经济创造内外部生态和政治环境。自由主义经济在欧美盛行之时，国内一些学者和部分干部对于“华盛顿共识”与美式自由民主模式大加推崇，并将其作为改革的目标，而忽视了中国政治经济发展道路的特殊性和优越性，由于缺乏道路自信、制度自信、理论自信和文化自信，认为西方一切皆先进，中国一切皆落后，迷失了方向，不再认为中国有必要探索自己的发展道路与模式，一切皆从西方拿来既可，甚至包括西方的普世价值观。

这一形势从2008年以来发生了变化。2008年美国爆发金融危机，随后欧洲又爆发了债务危机，西方发达国家呈现出了增长乏力的态势，其内部社会矛盾也日益明显，由此带来了欧美学界对于美式全球化及自身发展模式的深刻反思。这种反思也必将影响中国内部对自身发展模式的思考：如果一个既有的发展模式已经被实践证明存在巨大的缺陷，中国还要去照抄照搬吗？以

“学习西方不彻底”来解释中国现存的问题，其说服力在不断减弱。

国际体系中力量的消长，不可避免地带来既有国际体系可持续性的问题。而对于中国而言，过去的30多年中国在追赶发达国家的过程中也曾受益于这一国际体系。“韬光养晦”的国际战略为中国创造了相对稳定的外部环境，赢得了发展的机遇期；而中国日益增长的强大实力又为中国外交战略的胜利奠定了物质基础，提供了强有力的支撑。但在新的局势下，美国主导的全球化对迅速崛起的中国束缚作用日益凸显：

首先，中国在中低端产业中站稳脚跟之后，继续发展需要产业升级。“世界工厂”的耀眼成绩背后有着种种环境代价与民生代价，中国透支了自身的能源、资源与自然环境，贫富差距进一步拉大。而要实现真正的“可持续发展”，中国需要大力推动科技创新、产业升级，开拓广阔的内需市场。中国在向中高端产业链攀升的过程中，将不可避免地涉及与以美国为首的西方发达国家的产业竞争。此时，我们就将越来越多地接触到现存国际体系中的“天花板”和“玻璃门”。打破这些障碍，就需要中国企业走出去积极参与国际市场竞争和在全球进行资源配置。既有的“韬光养晦”战略与中国在新时代所面临的新的国际竞争需要已经很难匹配。

其次，在新世纪之前，西方试图将中国的改革开放进一步导向政治上的自由化改革，“中国崩溃论”一度盛行，其基本假设是，若无符合西方设置的目标的市场化转型与政治改革，中国必将走向崩溃。而随着中国经济的持续增长，西方又开始宣扬“中国威胁论”，认为中国的崛起会挑战西方现有的国际秩序。具体而言，随着中国经济总量超越日本，并成为美国的最大债权国，美国政府越来越将中国视为其直接的挑战者。2010年，奥巴马政府实施东亚再平衡战略，联合周边国家共同遏制中国；2012年1月，奥巴马政府公布了题为“维持美国的全球领导地位：21世纪国防的优先任务”的新军事战略报告，美国高调重返亚太，这种战略转移的核心原因在于加强对中国崛起的关注和挑战。

与此同时，西方还指责中国的崛起会削弱西方模式的影响，从而“误导”广大发展中国家的发展方向，一些人甚至将中国与亚非拉广大发展中国家互利互惠的交往称为“新殖民主义”。中国与一些非洲国家在意识形态、政治制度等方面的差异被刻意放大，一些受西方影响的非洲新生代领导人对中国的感情及中非友好的传统观念趋于淡化，从而为中非关系埋下了不确定的阴影。所有这些挑战，都很难以一种“韬光养晦”的姿态去化解。

因此，无论是国际还是国内局势，都在客观上要求中国转变“韬光养晦”的做法，在国际秩序建构中发挥更大的作用。这既是中国在治国理政理念上的一次“大转型”，也是中国外交战略的重大调整。而新的国际空间的打开，也为整个中国持续发展提供了新的外部环境。

一、转型中的世界观

“韬光养晦”是中国在一个特定的时期所制定的阶段性的国际战略方针。秉承这一方针，中国保持低调，尽量避免和外部世界直接冲突，在涉及与周边国家领土与领海争议时“搁置争议，共同开发”。但是，自从新世纪以来，中国在经济上的崛起之势日益显著，并日益受到关注。由此出现了一个兼顾“韬光养晦”与“崛起”的提法，就是“和平崛起”。“和平崛起”承认西方注意到的中国崛起之势，但把重点放在“和平”上，强调主动避免与既有的国际利益格局激烈冲击。2005 年 9 月，时任国家主席胡锦涛在联合国首脑大会上还提出了“和谐世界”的理念①，表明了“和平崛起”的中国所秉承的世界观。

① 胡锦涛．努力建设持久和平、共同繁荣的和谐世界［N］．人民日报，2005-09-15.

2012年9月，外交部发布了《第67届联合国大会中方立场文件》，该文件延续一贯的对外政策内核，表明中方会尊重各国人民的自决权、实现民族和解，反对外部武力干涉、反对强行推动他国的政权更迭，主张各国自主探索符合本国国情的发展模式。针对国际冲突，中国一贯支持以协商和谈话的方式来解决争端，以多边合作的方式来打击恐怖主义和国际犯罪，倡导世界文明的多样性，最终由联合国主导逐渐建立国际政治经济新秩序，构建和谐世界。

在党的十八大召开之前，我国在外交上的新思路逐步呈现。2012年2月，时任国家副主席习近平在美国友好团体欢迎午宴上的演讲中，提出“新型大国关系”[①]，改变了过去对中美关系的定位。2012年7月，在于北京召开的“世界和平论坛”开幕式上，习近平发表“携手合作　共同维护世界和平与安全”的讲话，提到通过自身发展维护世界和平，以自身发展促进周边国家发展，[②] 表明中国正在积极评估自身的发展对世界的影响，这被看作是对“韬光养晦”战略方针的调整。而从2012年具体的对外政策来看，我们的确可以看到一种积极有所作为的姿态。

（一）将对外经济政策纳入整体大国战略

中国日渐成为影响世界经济大势的国家，在二十国集团、金砖国家、亚太经合组织、大湄公河次区域经济合作机制等国际或区域组织中发挥举足轻重的作用，越来越需要从政治和外交的角度来理解对外经济政策。

经济影响力是一种可以转化为政治影响力的国家实力。但在“韬光养晦”

---

① 杜尚泽，温宪，王恬．习近平出席美国友好团体欢迎午宴并发表演讲［N］．人民日报，2012-02-17.

② 习近平．携手合作　共同维护世界和平与安全［N］．人民日报，2012-07-08.

时期，中国较少积极主动地在对外交往之中以经济杠杆来达成外交目标，制定中国对外经济政策的主要是商务部等行业主管部门。相较之下，左右美国对外经济政策的机构却包括了美国国务院经济司、商务司以及专门负责经济事务的副国务卿等，美国将此置于国家战略布局之中，足见其对于全球市场影响力的政治意义的清晰认识。

2012 年 10 月，外交部设立国际经济司。国际经济司旨在从政治和外交上协调国际经济与发展合作以及相关业务，研究全球经济治理、国际经济金融形势、区域经济合作等有关问题，落实互利共赢的对外开放战略，维护国家的发展利益和经济安全。首先，国际经济司的成立体现了外交服务于经济的考虑，有助于中国在未来的外交工作中更好地关注国内经济利益，参与国际经济治理，维护国家经济发展。其次，国际经济司的成立体现了让经济更好地服务于外交的思路，有助于中国在外交工作中运用经济政策，整合经济资源，将经济影响力转化为政治影响力，以实现国家外交目标。这一机构的设置体现了中国在对外发展中的角色变化，中国开始更加积极参与国际治理，同时积极制定和调整中国在崛起过程中与之匹配的大国战略。中国的对外经济活动，得以被纳入整体的大国战略之中，通过发挥经济影响力，扩大自己的朋友圈。

（二）争夺太空资源

在“冷战”时期，中国作为主权国家一直保持独立自主能力，当时制定的外交政策既能联苏反美，又能联美反苏。而这种独立自主能力的基础就是中国有着独立自主与完整的工业体系，同时在具有重要战略意义的科技领域有一定发言权。中国在 20 世纪 80 年代所制定的卫星导航系统发展战略可以视为中国捍卫独立自主精神的体现，而 2012 年北斗卫星导航系统的重大突破，表明了中国独立自主能力的进一步提升。

从20世纪80年代开始，空间资源成为大国竞争的重要舞台。美国强大的科技实力成为里根政府制定和实施对苏战略并最终击垮苏联的重要因素。美国借助互联网所造就的全球信息系统更是超越了空间的限制，控制了互联网世界中最重要的信息节点，使得信息和权力在看不见的三维空间中流动，最终实现和巩固了美国的全球霸权。美国就在这种空间战略转型中占据先机，它最早建立了自己的卫星导航系统，是当时最完善的卫星定位系统，也就是我们今天特别熟悉的GPS系统；由于卫星导航系统具有极其重要的战略地位，为了避免美国一家独大，俄罗斯建立了格洛纳斯系统，可为欧洲和亚洲部分地区提供导航服务；欧盟则希望借助“伽利略计划”，建设新一代民用全球卫星导航系统，来降低对美国的战略依附，追求更多的外交自由度。

中国早就意识到卫星导航系统的重要性，在20世纪80年代就制定了发展北斗卫星导航系统的“三步走”战略，即在2000年建成北斗卫星导航试验系统，解决自主卫星导航系统的有无问题；到2012年左右形成覆盖亚太大部分地区的服务能力；最终在2020年左右形成全球覆盖能力。2012年12月27日，由空间端、地面端和用户端所组成的北斗卫星导航系统正式提供亚太区域服务，这也表明发展卫星导航系统的三步走战略顺利实现了第二步，中国也成为继美国、俄罗斯之后第三个拥有卫星导航系统的国家。

太空资源具有独特的稀缺性。以卫星为例，为了避免在同步轨道上发生干扰、碰撞的危险，卫星之间需要保持一定的安全距离。联合国国际电信联盟规定先发射卫星的一方具有卫星频率的使用权，因此，只有尽早发射导航卫星才能保证在未来的竞争中处于优势地位。除了民用途径外，卫星导航系统在军事上的意义更大。美国和俄罗斯的卫星导航系统成形于“冷战”期间，而欧盟的伽利略卫星导航系统也是欧盟独立防务计划的重要组成部分。北斗卫星导航系统的建立，在捍卫国家的战略安全、提升国家国际地位的同时，可以推动相关科技研发的进步，促进相关产业的发展，有研究指出，相关产业规模早已逾千亿元。

（三）重塑陆上秩序

在历史上，中国一度创造了郑和下西洋这样的海上奇迹，但从总体来看，中国仍然是一个陆地国家，尽管有很长的海岸线，但历代王朝所注重的都是陆地地缘政治。中国历史上从来没想培养海洋意识，成为一个海洋国家。自15世纪以来，葡萄牙、西班牙、荷兰、英国相继成为海上强国，欧洲列强在19世纪成为全球的主导力量；在20世纪两次世界大战之后，美国成为海上霸主。海上霸权与陆地强国之间的实力差异也造就了这样一种文明观，即海洋文明从总体上优于陆地文明。在20世纪80年代，中国知识界一些人受到海洋文明优于陆地文明这一观点的影响，认为陆地文明导致中国在近代走向闭关锁国，落后于世界潮流，所以他们认为中国未来应该融入海洋文明。但是，随着现代陆路交通的发展，海洋文明与陆地文明的二元对立，已经遭遇到严重的冲击。

在19世纪初发明但在第二次工业革命以来才逐渐推广的铁路交通，是陆地国家加强相互交通联系的重要手段。20世纪初发明的飞机也提供了海运之外的另一种可能性。21世纪初，铁路交通的改进，高速铁路技术的突飞猛进，使陆上交通实现重大突破，也为陆权的开拓奠定了技术上的基础。

1. 以高铁整合大国陆域

20世纪60年代，日本的东海道新干线正式运营，标志着世界高速铁路由试验阶段跨入了商业运营阶段，这也刺激了欧洲国家，使它们迅速决定大力发展高速铁路，以便实现欧洲国家的陆上整合。高铁技术的诞生和投入使用，使得铁路这一“夕阳产业”迎来第二个“春天”。高速铁路的战略意义对于陆上大国来说尤其明显。

中国陆地疆域广阔，东部经济发达但资源总体紧缺，西部资源丰富但工业基础相对薄弱。近些年来，中国政府大力推动全国的协调发展，将东西部的市场、资源、人才进行整体化配置，高铁为这一战略提供了关键的基础设施支撑。中国研究高铁及列车技术已经有20多年，但是长期以来处于对德国、法国、日本的学习与模仿之中。2008年2月，科技部、铁道部联合编制了《中国高速列车自主创新联合行动计划合作协议》（以下简称《行动计划》），标志着中国高铁事业进入自主创新发展的新阶段。《行动计划》既提出了大方针上的要求，如在引进技术消化吸收和再创新已取得阶段性重大成果的基础上，加大自主创新力度，突破关键技术，积极引导创新要素向企业的积聚，构建中国特色的高铁技术创新产业链和产学研联盟等；还提出了具体的指向性意见，如开发具有自主知识产权、国际竞争力强的时速350km及以上的高铁技术体系等。

然而，2011年，中国的高铁事业遭遇舆论风波。首先，力推高铁的时任铁道部部长刘志军被免职；其次，“7·23”甬温线特大铁路交通事故引起舆论对高铁技术安全性的担忧（但实际上出问题的是动车的信号系统，与高铁并无关系），此后，高铁运行降速，多条在建高铁降低最高速度标准。经历了短暂的国内外质疑风波之后，中央重新坚定了发展高铁战略的决心。2012年4月28日，科技部印发了《高速列车科技发展“十二五”专项规划》，明确了国家对于高铁的战略支持。至2012年，《行动计划》中的许多提议都取得重大进展，如采用新一代高速动车组的京沪高铁于2011年6月投入运营，新型高速综合检测列车的最高试验检测速度达到400km/h；2012年12月，中国首条也是世界上第一条新建高寒地区长大高速铁路——哈（哈尔滨）大（大连）高铁投入运营；全球运营里程最长的高铁京广高铁在2012年12月26日正式全线开通运营。

2. 以泛亚铁路打通东南亚

中国处在欧亚大陆的东端，地理位置优越。如何通过陆上交通线来连通这片广袤的土地，成为任何一个想要带动欧亚大陆的国家都要思考的问题。凭借高铁技术，中国可以加快本国对于周边国家的经济辐射。东北亚的日本、韩国处于美国的军事联盟体系之内，整合难度颇大；中亚与俄罗斯远东地区整体经济活力不足；相较之下，东南亚自然资源和劳动力资源丰富，临近海洋，有水运便利，又没有类似日俄的区域性大国，可以作为中国区域整合战略的突破口。

随着美国的“亚太再平衡”战略的实施，加之南海局势的紧张，如何加强与东南亚的联系，成为维护周边和平、畅通资源运输路线、推动中国成为区域性大国的关键。中国的高铁技术为此提供了可能性。中国规划的泛亚铁路就是整合区域的重要基础设施，泛亚铁路中国段共有三个方案，均自昆明出发；东线经越南，中线经老挝，西线经缅甸；最终均到达新加坡。其中，东线因南海问题受阻，西线工程最为艰巨，中线工程启动的条件最为完备。2010 年 12 月，老挝国会批准了自万象至中国边境线路的建设计划，但因为资金无法落实而没能动工。为尽快启动工程建设，中国进出口银行为其提供 70 亿美元融资。作为提供融资的条件，中国将在 2020 年以前每年获得约 500 万吨矿产资源供应。本段铁路线长 418 公里，由中国建筑公司承建，主要从事农产品和木材等原材料运输以及客运。这条铁路将连接中国昆明与老挝首都万象，未来还将进一步延伸至新加坡，总长 3900 公里，是泛亚铁路的重要组成部分。

在南海争议升级、美日钳制中国的背景下，泛亚铁路中线工程显得更具战略意义，不仅提升了中国与东盟的外交关系，同时也凸显出中国在处理东南亚关系时所坚持的以经济援助为抓手的柔性外交政策。

（四）传统陆地国家的海洋战略

1. 开发海洋资源

中国在加强陆上联系的同时，也在大力推进海洋资源的开发。海洋经济在我国 GDP（国内生产总值）中所占的比重正在逐年提高，2011 年时已达 9.7%。2012 年，中国在海洋经济的发展上做出了一些新的布局。

布局海洋经济的必要性在于：第一，海洋潜藏着巨大的资源。中国是一个有着漫长海岸线的国家，但是长期以来国人的海洋意识不强。利用好海洋资源优势，对于要解决资源劣势的国家来说意义重大。第二，在开发海洋资源的时候，极有可能因为科技、监管不到位，导致恶性开发，所以需要具备全局观。国外的海洋资源开发起步早，已经进入成熟阶段，相比之下，中国各个沿海省份当时还不具备成熟的开发能力，如果任由地方开发，很可能导致海洋生态环境的恶化。自 20 世纪 90 年代以来，沿海地区不断发生炸岛炸礁、填海连岛等短视行为，因人为原因而消失的岛礁超过了 400 个。粗放的海洋资源开发行为还有可能导致其他的社会发展问题，如沿海与内陆地区的发展不平衡问题，海洋资源开发过程中对“土地财政”的过度依赖问题，等等。

为了回应这些问题，政府在 2012 年上半年密集出台了一系列措施，以推动海洋经济开发。就管理层面而言，国务院于 2012 年 3 月批准《全国海洋功能区划（2011—2020 年）》（以下简称《区划》），确定了未来 10 年海洋资源开发空间管理和综合管理的基调和目标，划定了八类海洋功能区，详细确定了五大海区的总体管控要求及重点海域的主要功能和保护方向。总的来说，相较于过去的海洋资源开发模式，《区划》要求的海洋资源开发更显集约化，海域资源配置也更加合理。在开放海洋资源开发的过程中，需要注意的是既要激发沿海省市的积极性，又要保证合理开发，这就需要保持中央与地方政府之间权力的平衡，中央统一部署，地方具体实施。

2012年10月16日，国务院批复广西、山东、福建、浙江、江苏、辽宁、河北、天津8省（区、市）的海洋功能区划（2011—2020年）；11月，国务院又批复了上海、广东和海南3省（市）的海洋功能区划（2011—2020年）。至此，11个沿海省（区、市）的海洋功能区划全部获批，国家海洋局开始正式印发各省（区、市）的《省级海洋功能区划》（以下简称《省级区划》）。

值得关注的是，在各省（区、市）的《省级区划》中，被强调最多的，不是符合可持续发展理念的有关“保护性开发”的具体要求，而是围海造陆问题。在国家土地政策收紧的情况下，建设用地指标缩小，经济发达的东南沿海省市势必要向海洋“要地”，针对之前的粗放式填海行为，各省（区、市）的《省级规划》提高了“填海”的门槛，并分别明确了各自的围海造陆“指标”，如浙江获得5.06万顷的“指标”。此时，海洋仍然被定位为陆地的延伸，旨在解决陆上开发出现的用地短缺问题。

2. 海洋强国战略

海洋不仅具有经济上的价值，更是沿海国家的战略屏障。新时期对国家主权的理解不能停留在过去的陆地主权上，而应该扩展到海洋、太空。很长一段时期以来，中国在外交上奉行“韬光养晦”的战略，在有争议的海洋资源开发问题上采用“搁置争议、共同开发”的态度。但近年来，在美国的支持下，日本、东南亚一些国家不断侵蚀中国的海洋主权，这种侵蚀包括霸占我国海岛、掠夺我国海洋渔业资源等。如果中国没有强有力的回击，他们很可能会“得寸进尺”。

2012年国务院批复11个沿海省（区、市）的海洋功能区划（2011—2020年），标志着我国已开始采取措施，来巧妙地维护中国海洋权益。考虑到

《省级区划》是中国的规范性文件，无法对其他国家产生约束力，因此中国通过对《省级区划》的执行这样一种迂回的方式来实现权利主张。根据国际通例，宣称对某块领土享有主权以对该领土行使管辖权为客观要件，开发旅游是行使管辖权的体现，这有利于宣示国家主权。《省级区划》在总体要求中提出要推进位于南海海域的海南岛、中沙群岛、西沙群岛旅游资源的开发。海南省在2012年4月的全省旅游工作会议上表示要在年内开通西沙旅游，这是维护中国海洋主权的新举措和新思路。

相较于采用出台国内文件方式宣示主权，中国在对外关系的处理中更可以体现出海洋策略的转变。近些年来，中日关于钓鱼岛问题的争议使得两国关系跌入谷底，而中国政府的态度则一反过去的守势，表现强势，被外界理解为中国正在改变过往“韬光养晦”的外交政策。

中日关于钓鱼岛的争议由来已久，2012年以来争议升级。日本国内领土狭小，向外扩张的愿望异常强烈。自1985年以来，日本就窃据钓鱼岛，但是依旧沿用中国对该岛及其附属岛屿的叫法。2012年3月2日，日本内阁综合海洋政策本部重新命名钓鱼岛及其附属岛屿。中国方面强烈表示反对。3月3日，国家海洋局根据《中华人民共和国海岛保护法》对海域海岛进行了名称标准化处理，会同民政部公布了钓鱼岛及其部分附属岛屿（70个）的标准名称、中文拼音和位置描述，并于3月14日派出两艘千吨级海监船前往钓鱼岛海域展开维权巡航行动。4月18日，中国国家海洋调查船队正式组建，涵盖国内调查水平最先进的19艘船舶，是首个全国共享的海洋调查基础平台。

2012年9月10日，日本政府宣布“购买”钓鱼岛及其附属岛屿南小岛和北小岛，中国政府表示强烈反对，并采取了谨慎而具体的措施。首先，外交部迅速发表声明，表示“不会坐视领土主权受到侵犯”。多位国家领导人在短时间内明确重申了中方立场，“钓鱼岛是中国固有领土，在主权和领土问题上，中国政府和人民绝不会退让半步”，这样的表态使人们回想起邓小平曾经对香港问题的态度①。此番对日本“购岛”行为的表态，在一定程度上意味着对之前所提的“搁置争议，共同开发”方针的改变；从更宏观的角度来说，也意味着对“韬光养晦”战略的调整。当然这种改变也与日本方面的做法、近些年来中国国际地位的提高，以及国内的爱国主义情感的发展有关。

其次，中国政府采取的具体措施包括：第一，公布了中国钓鱼岛及其附属岛屿的领海基点基线，发表《钓鱼岛是中国的固有领土》白皮书，出版《中华人民共和国钓鱼岛及其附属岛屿》专题地图，印发《中央海岛保护专项资金管理办法》；第二，派遣海监船抵达钓鱼岛的周边海域以宣示主权；第三，派遣渔政船开展巡航护渔；第四，中国政府于9月10日就钓鱼岛及其附属岛屿的领海基线发表声明，并于13日将领海基点基线坐标表和海图提交给联合国。中国军方表示有能力维护海洋领土的完整。

有不少分析家认为，日本在此时挑起钓鱼岛争议，是美国干预日本政局的结果，旨在打断正在进行中的中日韩自由贸易区谈判。而中日间达成的一系列“去美元化”的金融合作协议，也变得难以落实。但单就海洋维权而言，中国在钓鱼岛问题上取得了实实在在的成果，也为中国在其他海域的维权提供了成功的范例。

（五）参与制定国际规则

在全球经济一体化背景下，对各个国家或地区的信用评级就成为该国或地区的无形资产，也是投资者的重要参考依据。信用评级是指由专业化的信用评级机构，根据一定的指标体系和评估方法，综合评价受评对象违约风险，并以简洁的符号表示其信用等级的活动。信用评级活动联结监管机构、中介机构、投资者、债务人各方，贯穿资本市场发行、定价、交易、重组等各环

① 苏台仁．邓小平生平全记录［M］．北京：中央文献出版社，2009年10月．

节，是现代金融业的重要枢纽。而专业的信用评级机构拥有技术与信息的优势，能揭示债务人的违约风险，降低投资者考核费用，扩大市场融资规模，同时为监管部门提供决策参考，在评级活动中居于核心地位。当下的国际信用评级市场基本由西方国家垄断。1975 年美国证券交易委员会（SEC）出于监管目的强制要求大部分金融机构进行信用评级，同时指定穆迪、标准普尔、惠誉国际三家公司为政府认证的“特许评级机构”，事实上确立了三大机构在美国本土的垄断地位。三大机构以此为契机，并借助美国在金融领域的国际地位，顺利地将垄断势力扩展到国际市场。穆迪、标准普尔、惠誉国际三大评级机构占据了国际信用评级市场 8 成以上份额。

然而，国际信用评级机制存在不少问题。如进行信用评级以被评级人付费为前提，这种“花钱买级别”模式导致了评级过程的不公正，而三大机构也无法避免受到美国的政治干预。在 1997 年的东南亚金融危机、1998 年俄罗斯金融危机、2000 年土耳其金融危机、2001 年美国安然公司造假案等重大金融事件中，三大国际信用评级机构的评级都存在偏差；2008 年，三大机构又都没有预测到全球性的金融危机；不仅如此，在欧洲主权债务危机中，三大评级机构还扮演了推波助澜的角色，致使它们遭遇前所未有的信誉危机。

这些问题都呼唤新的国际信用评级组织的出现，也给中国的评级公司发展提供了机会。从 2010 年 7 月开始，中国的大公国际为 50 个国家进行主权评级，其作为第一家非西方国际评级机构对他国进行主权评级，这既是中国评级公司对海外拓展的里程碑，也是中国进入国际信用评级市场、打破西方垄断的重大突破，意义非凡。2012 年 10 月 24 日，来自中国、美国、俄罗斯的三家独立评级机构在北京宣布成立新型国际评级组织“世界信用评级集团”，当天还发表《北京宣言》，指出当前的国际评级体系背离了信用经济发展规律，需要构建新的国际信用评级体系。

“世界信用评级集团”不同于三大机构的地方在于：第一，多国参与，变单一制为多边制。“世界信用评级集团”是由来自中美俄的三家独立评级机构发起成立的，但是向各国机构开放，将形成由多国机构参股的多元组织，已经有30多个相关评级机构和组织表达了参与组建的意愿。多国参与者既可以保证公正、专业，也可以使得信息更为准确。第二，启用投资者付费的模式，以减少利益冲突。“世界信用评级集团”要求以投资者购买证券发行人评级信息的模式运行，以取代直接向证券发行人收费的模式，以此来减少评级虚高现象。第三，以市场为导向，引入竞争机制，而不是设立“特许评级机构”。当然，新的国际评级机构还存在很多问题，尤其是不能简单地认为过去的三大评级机构已经退出主导地位，美国部分公司的进入更多是出于自身利益的考虑，并不代表美国官方的意见。在未来的国际评级市场上，中国将发挥更为重要的作用。

二、不断清晰的政治道路

自“冷战”结束后，美国的单极霸权支撑了这样一种信念：西方实行自由民主制+资本主义已经是历史的胜利者，接下来的问题只是将这一模式扩展到全球。从这样的眼光看来，中国只有不断向西方靠拢才有前途，否则必然会走向崩溃。

与“中国崩溃论”预测相反，中国在坚持自身的政治模式的同时，成长为世界经济发展的重要引擎。西方越来越关注中国经济上的崛起，并开始肯定中国的经济成就，但对于中国的政治制度，仍贴上一成不变的“威权主义”标签，认为这将成为中国经济发展的障碍。但是，正如上文所述，中国是自“二战”结束以来少有的具有独立自主能力的国家。在政治体制改革上，中国自主设置改革目标，自主掌握改革的步调，坚持中国共产党的领导，致力于不断提高党的执政能力。2012 年是中央领导集体交接班的一年，我们可以看到，中央领导集体权力的交接与过渡正从惯例向制度化前进。

（一）权力交接的宪法惯例

改革开放后，中国逐步废除了领导干部终身制，建立了退休制度。就党的最高领导人而言，基本上形成了任期不超过两届即“十年换届”的惯例，从 1989 年江泽民任总书记开始，中国共产党逐渐实现了领导集体平稳交接的规范化和制度化，以保证换届的顺利进行，如最高领导人兼任党的总书记、国家主席、军委主席“三位一体”的领导体制和领导形式，换届前的民主协商，八大民主党派的最高权力先行交接，地方各级党组织的换届在前等。当然，2012 年中央领导集体权力交接也出现了一些变化，如 2012 年胡锦涛在结束总书记任期后，主动辞去中央军事委员会主席职务，使得“三位一体”体制得以强化。

2012 年，围绕着最高权力交接也产生了许多的讨论。在传统媒体时代，这种争论或许隐藏在公众视线之外，或者限制在小范围内；而在新媒体时代，这些涉及高层的政治讨论逐渐被普通人感知，甚至引发舆论风波。在 2012 年之前，对地方的发展社会上已经出现了“模式之争”，“重庆模式”与“广东模式”大体上代表了两种不同的探索之路，公众对这两种模式的看法呈现出很大的分歧。在这样的背景下，党的十八大需要回答中国的道路选择问题，尽可能凝聚社会共识。

1. 党的最高领导人的讲话

从党的十四大以来，党的领导人都会在党代会召开前向党的高级领导干部传递有关大会的重大信息，这一宪法惯例得以维持。2012 年 7 月 23 日，时任中共中央总书记胡锦涛在省部级主要领导干部专题研讨班开班式上发表重要讲话，强调高举中国特色社会主义伟大旗帜，坚定不移沿着中国特色社会主义道路前进，为全面建成小康社会而奋斗，并对经济、政治、文化、社会、生态以及党建“六大建设”进行了系统阐述。① 时任中共中央政治局常委、国家副主席习近平在研讨班结业式上也做了总结性讲话。

分析两位领导人的讲话可以发现，胡锦涛的讲话重点着眼于凝聚共识，强调统一思想，要求全党将精力集中到即将召开的党的十八大和中国特色社会主义建设上来。在总结过去的时候，胡锦涛向前追溯到党的十六大，强调的是执政十年来的理论创新。习近平的讲话指出，中国共产党执政拥有理论、政治、组织、制度和密切联系群众等“五大优势”，中国共产党“一定能够发挥这些优势去开创更加美好的未来”。② 值得注意的是，第一，此次讲话指出，要在2020年如期实现全面建成小康社会的总目标，“毫不动摇”地推进改革开放，表明“以经济建设为中心”不会发生变化；第二，对中国共产党执政所面临挑战的强调，表明中共中央在保持稳定的前提下，可能会采取更多的改革措施。

2. 凝聚民主党派共识

2012年11月召开的党的十八大完成了党的最高领导集体换届工作，而对这种权力交接的准备工作则在很早之前就已经展开了。值得关注的是，党的十八大召开前夕，中国思想界对于改革走向问题有许多讨论。面对党的十八大之前的复杂政治局面，凝聚共识离不开统一战线的作用。从历史上看，统一战线不仅是革命胜利的三大法宝之一，也是社会主义建设事业的成功保障。

---

① 深入学习领会胡锦涛同志重要讲话精神　把思想行动更好统一到中央重大决策上来［N］．人民日报，2012-07-25.

② 资料来源同上。

2011年1月，胡锦涛在党外人士迎春座谈会上提出“同心”思想，强调始终坚持正确的政治方向，坚定不移地走中国特色社会主义政治发展道路；①2011年12月，中央社会主义学院与中国民主促进会中央委员会合作，成立了参政党建设理论研究中心；2012年2月，中共中央印发《关于加强新形势下党外代表人士队伍建设的意见》后，统战部门积极推动建立党外代表人士实践锻炼基地，发现、培养、使用优秀的党外代表人士；2012年4月28日，时任全国政协主席贾庆林在各民主党派学习践行社会主义核心价值体系活动经验交流会上做出重要批示，要求各民主党派以“同心”思想为指导，着眼增进政治共识，深入搞好政治交接。②

在党的十八大召开之前，八大民主党派分别进行了领导集体换届，选举产生了新一届的领导集体。民主党派领导集体换届涉及中共中央统战工作的顺利进行，保证民主党派内部领导权力的顺利交接，可以为执政党自身的领导集体换届营造良好的政治氛围。

除了正常权力交接中所要遇到的问题外，此番民主党派的领导集体换届还要处理一个老问题，即人才梯队建设问题。长期以来，民主党派自身党建和人才梯队建设比较滞后，在政治权力交接方面存在着严重的“青黄不接”。社会上对民主党派主要领导人的印象依旧停留在老一辈爱国者身上，如法学界著名的罗豪才先生，长期担任致公党领导职务，在万钢于2007年12月当选致公党主席之前，罗豪才先生以73岁高龄担任这一副国级领导干部职务；类似的情况在其他的民主党派中也存在。此轮统战工作的主要目的是在大换届的背景下通过一系列措施解决上述问题，以保障各民主党派新一届领导集体妥善履职，更好地联系其所代表的各个社会群体，从而发挥政治体制下参

① 中共中央举行党外人士迎春座谈会［N］. 人民日报，2011-01-31.

② 贾庆林对民主党派交流会批示［N］. 解放日报，2012-04-29.

政党的特殊作用。

2012 年 2 月 23 日，中共中央印发了《关于加强新形势下党外代表人士队伍建设的意见》（以下简称《意见》），《意见》是中华人民共和国成立以来第一次以中共中央名义制定的关于党外代表人士队伍建设的专门文件，也是指导新形势下统一战线事业发展的纲领性文件，在统一战线发展史上具有里程碑意义。《意见》对新时期做好党外代表人士队伍建设提出了一些具有针对性的意见。例如，第一，将党外代表人士队伍建设提高到巩固执政基础之必需的高度；第二，将党外代表人士界定为与中国共产党团结合作、做出较大贡献、有一定社会影响的非中共人士，包括民主党派代表人士、无党派代表人士、少数民族代表人士、宗教界代表人士、非公有制经济代表人士、港澳台海外代表人士等。可以看出，党外代表人士主要是社会上的各界知名人士，他们具有较强的影响力和社会活动能力。在 2 月 24 日的全国学习贯彻《意见》的电视电话会议上，贾庆林对增强党外代表人士的“走中国特色社会主义道路”的政治共识多有强调，希望以此来不断巩固壮大爱国统一战线。①

《意见》对党外代表人士的发现、储备、教育培养、选拔任用和管理提出了具体的要求。2010 年 6 月发布的《国家中长期人才发展规划纲要（2010—2020 年）》对国家的人才战略做出了顶层设计。总的来讲，党外代表人士队伍建设普遍暴露出后继乏人、青黄不接的难题，如在 2011 年 11 月的“机关统战工作规律研讨会”上，中央国家机关工委统战（群工）部部长谈宜彦指出党外人士在政治上成长滞后的问题。《意见》要求各级党委有组织、有计划地广泛物色发现党外代表人士；全面加强党外代表人士的教育培养，强化理论培训，加大实践锻炼力度；当然最终还要落实到加大党外代表人士的选拔

① 刘维涛．全国学习贯彻《中共中央关于加强新形势下党外代表人士队伍建设的意见》电视电话会议在京举行，贾庆林出席并讲话［N］．人民日报，2012-02-25.

任用力度上来。另外，时任中共中央政治局常委、全国政协主席贾庆林在全国学习贯彻《意见》电视电话会议中指出，要加大推荐使用力度，有针对性地在人大、政府及政府工作部门、政协、法院和检察院、高等学校、国有企业、科研院所、人民团体等做好选拔推荐工作，适当增加安排职数。①

正如《意见》所说，“培养选拔党外代表人士不是权宜之计，而是必须长期坚持的重要方针；不是一般工作，而是关系党和国家事业发展的战略任务”。八大民主党派由于历史的原因，分别与特定界别的社会精英相联系，可以代表很大一部分的民意。在重大决定做出之前，中共中央一般都会征询民主党派的意见。每年的“两会”，政协会议都在人大会议之前召开，很多重大决策都是先交由政协会议讨论，然后再提交到人大会议。民主党派的积极参政，可以增强重大决策的民主性与科学性，从而巩固共产党领导的多党合作与政治协商制度。

3. 军队高层的人事变动

中国共产党在革命战争时期逐渐形成了“党指挥枪”的革命传统，这在中华人民共和国成立后的重要历史时刻发挥了重要作用，保证了国家的性质不变。在最高政治权力交接之前，军事权力也需要正常交接。《解放军报》于2012年3月19日刊文称，历史经验表明，在党和国家的大事发生之时，要警惕国内外敌对势力借机兴风作浪，解放军要坚决抵制“军队非党化、非政治化”和“军队国家化”等错误观点，始终坚持党对军队的绝对领导。党的十八大之前，军方多次明确的表态，显示出军队稳定对于国家政权稳定的重要性，也体现出中共中央对军队的绝对掌控。

在中央军委主席任职调整之前，解放军高层的人事调整早已展开。2012

① 刘维涛．全国学习贯彻《中共中央关于加强新形势下党外代表人士队伍建设的意见》电视电话会议在京举行，贾庆林出席并讲话［N］．人民日报，2012-02-25.

年 10 月，中国人民解放军高层进行了一轮大规模人事调整；11 月，中央军委领导也进行了个别调整；11 月 1 ~4 日召开的党的十七届七中全会决定，增补范长龙、许其亮为中共中央军事委员会副主席。此次调整有如下特点：第一，新履职的军事将领比上一届普遍年轻 7 ~ 10 岁，年龄超过 70 岁的总参、总政和总后最高负责人全部卸任，50 后的军事将领成为中坚力量；第二，被重用的军事和政治高级将领中，不少具有实战经验；第三，跨兵种，跨大军区，重视总部机关交流。这凸显了中共中央推动军队现代化转型的目标，也是适应更加复杂的周边环境所必需的。更为重要的是，此番人事调整表明军队已经在中共中央最高政治权力交接前完成了人事交替。

（二）执政党的组织建设

从各级党政换届权力交接中，则可以发现中国共产党选人用人机制。在中共中央领导核心于党的十八大交接之前，组织部门已经完成了全国省市县乡的四级党委换届工作。从中共中央最高领导干部的选拔任用来看，有在地方从政的经验是重要的选拔资历，也体现出在中国这样一个大国中担任中共中央最高领导需要地方性实践和治理经验；另外，省委是贯彻中央政策的重要纽带，县委是直接参与国家治理的基石，其领导干部的正常更替具有十分重要的意义。从这次历时二十个月的四级党委领导换届中，可以看出在我们常说的“五湖四海”之外，中央选拔任用领导干部还有其他的特点：

第一，注重领导干部的梯队建设，不支持片面的“年轻化”。革命化、年轻化、知识化、专业化，[①] 是 20 世纪 80 年代邓小平在中央工作会议上对干部队伍提出的要求，是为了应对干部队伍老龄化、知识结构老化等现状提出来的，这与“文革”十年所造成的人才断层有很大的关系。但是时至今日，领

① 邓小平．邓小平文选（第二卷）[M]．北京：人民出版社，1994 年 10 月．

导干部的知识结构发生了很大的变化，各年龄段的干部也已形成梯队，所以不宜再片面强调年轻化，否则反而不利于选贤任能。

此届省委层面的干部轮换就多有打破过去惯例的举动。如按惯例，省委书记、担任省政府正职的副书记任职年龄上限一般为65岁，纪委书记为63岁，其他常委为60岁；在11至14名常委中，50岁以下的要有3名，45岁左右的要有1名。考察2011年10月至2012年7月履新的全国404名省委常委，可以发现完全达到上述年龄要求的只有安徽、新疆、西藏和重庆四地。在具体人选上，各省（区、市）新任常委普遍有2至3人，其中“60后”占绝对主力，另有不少已届通常退休年龄的资深常委留任，这使得现有省级领导干部的年龄结构呈现出“50后”（277人）为中坚与“60后”（117人）相搭配的态势，“40后”则会逐渐淡出。

第二，在中共中央的第四代领导人中，大多数具有工程、工业方面的专业知识背景，少数人是人文社会科学专业出身。① 但此届干部选拔更多注重文科专业、高学历背景的干部，使得我们常说的“工程师治国”的色彩淡化。在31位省（市、区）党委书记中，第一学历为文史类专业的比理工类专业的多了两倍。在117位“60后”省委常委中，文科专业出身的有90人之多。另据统计，拥有博士学位的常委有约100人，其中83人是经济、法律、管理、文史哲类专业博士，相较于理工类专业仍占绝对优势。当然，获得博士学位的省级官员中，多数人的博士学位是“非脱产”获得的。

在省市县乡四级党委领导干部选举中，我们更多看到中国共产党的用人标准，而在党的十八大代表的选举中，我们可以看到党内民主发展的新动态。2012年8月14日，中央外宣办举行新闻发布会，介绍党的十八大代表选举工

① ［美］沈大伟．中国共产党：收缩与调试［M］．吕增奎、王新颖译．俞可平审定．北京：中央编译出版社，2011年11月．

作情况，从中我们可以看出以下特点：第一，代表结构更为合理，更强调“代表性”。在党的十八大代表选举之前，中央明确提出提高基层一线党员、先进模范党员以及工人党员代表的比例；从结果上看，当选代表中，领导干部比例下降，生产和工作一线的党员代表则上升到30.5%，其中，工人党员代表从党的十七大时的51名增加到169名。第二，代表选举程序也有所完善，“差额选举”贯穿了党的十八大选举工作的全过程。中央要求本次大会代表选举“差额比例多于15%”，高于党的十七大的“不少于15%”和党的十六大的“多于10%”。在代表候选人遴选时，组织部门即首次采用了差额考察的方式，全国31个省（区、市）差额考察比例平均达到13.4%。更重要的是，第十八届中央委员会也要采取差额选举的办法产生，预示着党内民主的进步。

（三）执政党的作风建设

在党的十八大召开前夕，党中央以罕见的姿态强调从严治党、保持党的先进性、加强作风建设。改革开放之后中国的经济发展成就举世瞩目，但是随着市场经济发展，权力寻租、腐败日益加剧颇受海内外诟病。中共中央强调，反腐败一方面就是要完善社会主义市场经济体制，健全法治，使得规则明晰而权力寻租无处可藏；另一方面就是要加强教育，继续保持共产党人“谦虚、谨慎、不骄、不躁、艰苦奋斗”的作风。2012年，中共中央在作风建设上又做出了新的探索。

2012年1月8日至10日，中国共产党第十七届中央纪律检查委员会第七次全体会议（以下简称“中央纪委七次全会”）在北京召开。胡锦涛在会议上首次提出“保持党的纯洁性”，在随后召开的中央直属机关党的工作会议上，习近平也要求扎实做好保持党的纯洁性的各项工作。① 在党的十六大以

① 中国共产党第十七届中央纪律检查委员会第七次全体会议公报［N］. 中国纪检监察报，2012-01-11.

来，胡锦涛先后十次在中央纪委会议上发表重要讲话，多次涉及反腐倡廉建设。“保持党的纯洁性”命题的提出有着时代背景。中央纪委七次全会对反腐工作态势做出“三个并存”的总体判断，即党风廉政建设和反腐败斗争呈现出成效明显和问题突出并存，防治力度加大和腐败现象易发多发并存，群众对反腐败期望值不断上升和腐败现象短期内难以根治并存，这“三个并存”的判断也表明中国的反腐倡廉工作进入了攻坚阶段。“保持党的纯洁性”是对党员的一项政治要求，是党领导人民、巩固执政地位的基础。

中央对“保持党的纯洁性”命题的阐述也表明中共中央认识到了腐败问题的严重性，认识到党的队伍已经不再纯洁，需要通过专项乃至长期的工作来激浊扬清，纯洁党的队伍。中央纪委七次全会将反腐倡廉工作提升到事关党和人民事业发展的高度，承认始终保持党的纯洁性具有“极端重要性和急迫性”。在此次会议上，“危机意识”取代了之前所说的“忧患意识”，足见中央对此问题的重视。当然，“保持党的纯洁性”关键在于落实，会议有了具体的落实要求，会议将“党的纯洁性”分为思想纯洁、队伍纯洁、作风纯洁、清正廉洁，进而在这四个方面做出规定。

中央在做出上述阐述之后，随即开展了机关反腐工作的专项部署。2012 年 3 月 26 日召开的国务院第五次廉政工作会议，对中央纪委七次全会精神的落实做出具体部署，如推进行政审批制度改革，进一步取消和调整审批事项；推进领导干部报告个人事项部分公开；推行公务卡制度，严控“三公”消费。

2012 年 10 月 25 日，广东省委、省政府在省第十一次党代会新闻发布会上公布了建设“幸福广东”的八项计划，其中包括了《广东省从严治党五年行动计划》（以下简称《计划》）。《计划》在从严治党方面开出了“新药方”，就干部选用提拔、评议公开、准入限制、任用倒查等方面做出了系统性规定，对“裸官”的限制性规定值得关注。首先，从选拔任用阶段严格限制，严格审查干部选用提拔资质，竞争上岗，严把党政机关、国有企业重要领导岗位准入关，强调要严格执行党政领导干部任职回避制度，对曾受到党纪政纪处分的官员、“裸官”等将实行职位限入和提拔限制，实行国有企业领导干部职位禁入制度等。其次，《计划》规定要从严开展领导干部述职述德述廉，推行党政正职审计结果透明化。第三，从严监管领导干部个人事项报告，重点抵御“裸官”出逃等廉政风险。第四，创设违纪违法干部选拔过程倒查制度，彻查实践漏洞。对原来已有违纪违法问题以及提拔任职后受到撤销党内职务、行政撤职以上处分的领导干部，《计划》规定应在做出处分后的15个工作日内，启动对其选拔过程的倒查程序。

（四）凝聚政治共识

在“中国模式”的讨论初期，讨论者主要聚焦于中国经济发展的特色，对于政治层面的探讨并不多。中国经济的发展，带来了不同群体的利益分化，在土地、金融、国企改革、医疗等不同的领域，都出现了激烈的讨论。分歧不仅限于具体的政策层面，更涉及对未来的改革趋向。

在党的十八大召开之前，在地方层面，对“重庆模式”与“广东模式”的探讨是最受舆论关注的。简而言之，“重庆模式”更为重视社会发展的公平性，政府在产业发展和民生等领域积极发挥作用，其经济决策与微观经济运作同样运用市场手段，但更注重发挥和延续社会主义的优势；“广东模式”则更重视发挥市场机制与社会力量的作用，强调行政体制和社会治理体制改革要随着市场经济的推进而进行配套的变革。对地方的“模式之争”，舆论界在政治正确性及社会主义发展道路上的争议更为聚焦。地方层面的“模式之争”对执政党的内部团结构成一种考验。

党的十八大报告的回应是：中国既不走封闭僵化的“老路”，也不走改旗易帜的“邪路”；在政府和市场的关系上，“必须更加尊重市场规律，更好发挥政府作用”。对于执政的中国共产党而言，改革是时代的主题，社会主义初级阶段的基本路线要管一百年，任何违背改革精神、走老路的倾向都不是中国改革的方向。与此同时，中共中央领导集体在汲取苏共亡党亡国的教训基础上，不可能支持任何改变国家性质的改旗易帜的改革。在政府与市场的关系上，报告给出的是原则性的指示，二者究竟须形成一种怎样的关系，需要进一步在市场实践中去分析总结。

在中共中央第四代领导集体执政的十年间，中国抓住了发展的机遇，将中国的综合实力提升到新的台阶。新一届中共中央领导集体又将如何凝聚共识，推进中国特色社会主义建设事业？党的十八大之后的两个信号值得我们注意：

第一，新一届中共中央政治局常委集体参观了《复兴之路》的展览，习近平更是对“中国梦”做出了阐释，即实现中华民族伟大复兴，是中华民族近代以来最大的梦想。①

第二，2012 年 12 月 4 日，中共中央政治局会议审议通过了关于改进工作作风、密切联系群众的“八项规定”；12 月 21 日，《中央军委加强自身作风建设十项规定》出台，中央和地方各部门也纷纷根据中央的“八项规定”，出台了实施细则。“八项规定”旨在改变工作作风，剑指普遍存在的八种不良作风，给人耳目一新之感。

从这两件“小事”，我们大体上可以看到，新一届中央领导集体是带着强烈的使命感走上新的征程的。党的十八大将“科学发展观”写入党章，新一届中央领导集体也将会为中国道路注入新的元素。

三、经济发展的中国道路

改革开放后，在经济全球化的大背景下，中国利用发达国家产业转移与

① 张贺．实现“百年梦想”的政治宣言［N］．人民日报，2012-12-02.

自身丰富的劳动力资源，打造了全球最大的出口导向的制造业。然而，自2008年全球金融危机发生以来，欧美市场需求出现萎缩之势，各国的贸易保护主义抬头；中国的一些劳动密集型产业正在转向一些劳动力价格更为低廉的东南亚国家；随着国内环保意识的日渐高涨，以牺牲环境为代价的经济发展模式的正当性日益遭到质疑。总之，中国经济发展遇到了一个节点，中国有必要改变经济增长方式，从而获得更为持久的增长动力。在新的历史节点上，中国需要在经济发展中更加注重科技创新，推动产业升级转型，更加注重拉动内需市场和环境保护。

（一）经济的新形势

自2008年全球金融危机发生以来，世界经济增长乏力，中国成为全球发展的主要动力，但是这并不意味着中国经济发展没有任何问题。事实上，中国也面临着诸多发展难题：第一，经济发展速度放缓、下行压力增大；2012年中国GDP增速破8，创1999年以来最低。第二，产业结构不甚合理，农业发展缓慢，与之相伴随的“三农”问题虽屡被强调但难有突破；而虚拟经济的过度繁荣，反而可能危及实体经济这一根本。第三，区域发展不平衡。除了中西部发展不力外，东北老工业基地经济有塌陷的危险，东部发展较快，但是城市内部的二元结构凸显。第四，工业发展的科技贡献率不高，从粗放型向集约型转变任重道远。总的来讲，中国经济高速发展的30年已经过去，未来所追求的更为高质量的发展需要有突破性的改变。

1. 科技和创新是根本

中国政府对科教兴国战略早有提及，在多年前就制定了相应的推进方案。在2006年的全国科技大会上，胡锦涛宣布要在2020年建成创新型国家，要使得科技进步对经济增长的贡献率从2006年的39%上升到60%，全社会对研发的投入占 GDP 比重要从 2006 年的 1.35% 上升到 2.5%。[①] 在当年出台的《国家中长期科学与技术发展规划纲要（2006—2020 年）》中也重申了这个要求。但是，由于科研资源配置还不够完善以及成果转化通道不畅，要如期实现上述目标难度颇大。

2012 年 5 月 28 日，中共中央政治局专门召开会议讨论深化科技体制改革、加快国家创新体系建设。会议在优化科研体制、加强基础研究、建立科技资源开放共用机制等方面提出了要求，并强调建立以企业为主导的产业技术研发创新的体制机制，使企业成为技术进步的主体。5 月 30 日，国务院通过《"十二五"国家战略性新兴产业发展规划》，进一步认可了节能环保、新一代信息技术、生物、高端装备制造、新能源、新材料、新能源汽车等战略性新兴产业的重要地位，要求各级政府为其创造有利条件，提供税收和财政金融支持。6 月 8 日，科技部发布了《国家基础研究发展"十二五"专项规划》，确定了重点学科、领域、方向，并要求通过深化科技管理体制改革、营造有利科研环境、保持投入较快增长等保障措施来实现基础研究整体水准进入世界前列、科技引领经济社会发展作用显著增强等目的。

在科技强国战略的实施中，一方面需要靠科技的进步，另一方面需要创新体制，制约中国科技发展水平的一个很重要的因素在于科研管理体制的落后。引入市场机制，最大限度地调动科研工作者的积极性，使得市场激励在推动科技创新中发挥更为有效的作用，这可能是必不可少的环节。2012 年 9 月 23 日，中共中央、国务院印发《关于深化科技体制改革加快国家创新体系建设的意见》，包括了 8 个部分共 21 条，要求增强企业技术创新主体地位，完善科技支撑战略性新兴产业发展和传统产业升级的机制，深化科技评价和

---

① 胡锦涛在全国科学技术大会上的讲话《坚持走中国特色自主创新道路　为建设创新型国家而努力奋斗》出版［N］. 人民日报，2006-01-11.

奖励制度改革，旨在从根本上解决科技与经济结合不够紧密的问题。

在信息流通便利的情况下，资源将被掌握在有效利用该资源的主体手中。对于中国来说，政府在资源配置乃至全部的市场活动中占据着重要地位，政府的宏观调控是不可少的，市场的自发性、滞后性等弱点不可忽视，尤其是在经济全球化的背景下，一国的资本、资源、劳动力会在全球市场上实现配置，为了最大限度地追逐利润，资本会向能够短期、快速获利的产业转移，一段时期以来，中国的股市繁荣，大量的热钱聚集于虚拟经济，与此同时，传统产业资金短缺，后继乏力，这些都要求政府发挥宏观调控的作用。

2012 年 1 月 6 日至 7 日，第四次全国金融工作会议在北京召开。此次会议的一个重要议题是，坚持金融服务实体经济的本质要求，还提出牢牢把握发展实体经济这一坚实基础，确保资金投向实体经济，有效解决实体经济融资难、融资贵问题，坚决抑制社会资本脱实向虚、以钱炒钱，防止虚拟经济过度自我循环和膨胀，此次金融工作会议的提法可谓是为虚拟经济降温。现代经济体系下，实体经济的发展需要金融业的支持，中国曾经有长达 10 年的低通胀、高增长时期，但是随着货币政策由松到紧，中国金融业面临房地产泡沫增大、地方政府债务剧增、民间资金链断裂等风险的考验。此次金融工作会议强调金融服务实体经济，既是厘清两者关系，也是为金融业的长远发展定下方向，毕竟虚拟经济的长远发展离不开实体经济这一坚实基础。

2. 绿色发展与环境保护

科学发展观的提出，表明中国政府对发展质量的要求逐渐提高，改变了长期以来中国以高能耗高污染换取经济发展的发展思路。随着公众对空气污染、水污染等问题越来越多的关注，中国政府越来越从源头解决经济发展中的污染治理问题。2012 年 2 月 29 日，国务院常务会议批准发布新修订的《环境空气质量标准》。新标准增加了细颗粒物（PM2.5）和臭氧8小时浓度限值监测指标，以使环境空气品质评价结果更加符合实际状况。会议要求：2012年在京津冀、长三角、珠三角等重点区域以及直辖市和省会城市开展细颗粒物与臭氧等专案监测，2013年在113个环境保护重点城市和国家环境保护模范城市开展监测，2015年覆盖所有地级以上城市。

在中国逐步发展的过程中，公民权利意识逐渐觉醒，大家关注的议题也会逐渐发生变化。近些年来，越来越多的中国人开始关注诸如环保、健康、教育等议题，“青山绿水”成为人们的迫切期望。尤其在一些城市出现了严重的空气质量问题，使得这一议题迅速发酵，政府及时对环保问题给出特别的关注，相信在未来的经济发展中，会对此给予更多的考虑。

2012年5月16日，环保部、国家发改委、财政部、水利部联合印发《重点流域防治水污染规划（2011—2015年)》（以下简称《防治规划》)，这是继2011年9月五部委联合印发《长江中下游流域水污染防治规划（2011—2015年)》之后，政府在水污染治理领域推出的又一重要举措。纳入治污规划的“重点流域”，包括松花江、淮河、海河、辽河、黄河中上游、太湖、巢湖、滇池、三峡库区及其上游、丹江口库区及上游等10个流域。相较于以往各地出台单一的治理方案，《防治规划》是从全国层面所做的顶层设计。

在传统发展模式下，经济发展与环境污染经常是联系在一起的，限制了某个地方的排污，实际上就限制了这个地方的经济增长速度。而由于生产效率不同，同样的排污量带来的经济效益却可能是不同的。通过市场机制来调节排污量，可能比行政规划更能带来效益。2012年1月13日，国家发改委宣布，北京、天津、上海、重庆、广东、湖北、深圳获准开展碳排放权交易试点。作为国务院《“十二五”控制温室气体排放工作方案》的落实之举，此次试点旨在构建碳排放权交易平台，推动形成统一的碳排放权交易市场。

3. 能源危机下的技术升级

在中国经济高速发展的同时，发展效率问题也被关注。过去，粗放型经济发展模式下的资源浪费问题非常严重，单位 GDP 所消耗的能源比发达国家要高很多。在 2011 年，中国已经成为世界上最大的能源生产国和消费国。在传统能源日益减少、新能源开发难度大、经济效益不高的情况下，这种发展模式必然导致中国越来越依赖国际能源市场。对于体量庞大的中国来说，将能源供给寄希望于外部，显然是存在问题的。2011 年中国能源的对外依存度达到 10%，未来这一比例可能还会提高。尤其值得关注的是，中国重要战略资源对外依存度非常高：从 1993 年开始，中国开始成为石油净进口国，我国的石油对外依存度从当年的 6.7% 攀升至 2012 年的 58.7%；就天然气来说，中国从 2006 年开始成为天然气净进口国，2012 年天然气的对外依存度已经攀升至 28.9%。

与此同时，中国的能源利用效率低，导致了比较突出的环境污染问题，在 1997 年，《联合国气候变化框架公约》缔约国签订了《京都议定书》，规定了发达国家的减排义务；根据 2007 年《巴厘路线图》，缔约国于 2009 年达成了没有强制力的《哥本哈根议定书》，以取代《京都议定书》。总的来说，在能源问题上，中国需要关注两个方面：第一，开发新的能源，拓宽来源渠道，保障自身的能源安全和国家安全；第二，提高能源的利用效率，推动产业的升级换代，降低单位能耗，履行保护环境的义务。

2012 年 10 月 24 日，国务院常务会议通过了《能源发展“十二五”规划》，其中包括了加强页岩气和煤层气勘探开发、推进智能电网建设、加强新能源汽车供能设施建设等，并提出到 2015 年中国石油对外依存度需要控制在 61% 以内。同一日，国务院新闻办公室发布了《中国的能源政策（2012）》白皮书（以下简称“白皮书”），系统阐述了我国的能源政策，表明中国将走能源和社会经济的可持续发展道路，展示了完善现代能源体系的决心。具体来讲，两份文件体现出以下四大亮点：第一，重视节能提效，控制能源消费的总量；第二，推进传统能源的清洁化发展；第三，加速能源体制的市场化改革，理顺能源价格的形成机制，尤其是重点推动电力、煤炭、石油、天然气等重点领域改革；第四，鼓励民间资本进入，强化国际合作。

（二）统筹城乡和区域发展

近30年来中国经济发展迅速，但也带来了经济发展的不平衡。东部、中部、西部地区之间差距加大，城乡二元结构变得更为严重，甚至在某些城市内部也出现了“二元结构”。与区域差别相比，城乡差别更为明显，因为不是每个人都有机会去感受东部、中部、西部地区之间的差异的，但是几乎每个人都可以直接体会城乡之间的不平衡。这种不平衡不仅从经济上制约了全国市场的扩大，更可能导致严重的社会问题。克服城乡之间与区域之间发展的不平衡，是“共同富裕”目标的题中应有之义，也是中国构建和谐社会的必然要求。

1. 新型城镇化道路成形

现代化的一个重要特征就是城镇化水平的提高，诸多发达国家在现代化发展过程中都曾经历过这样的转变。中国的城镇化不同于大多数发达国家：第一，中国的现代化速度及城镇化速度非常快，难以消化城镇化所带来的问题；第二，由于长期以来，资源向中心城市集中，中国的城镇化偏重于大城市，催生了一些特大城市；第三，中国人口众多，密度大，这样也导致更易出现特大城市。总的来说，中国城镇化过程中遇到的问题在于，一方面，农村有许多待转移的农业人口，另一方面，城市的发展本身也存在许多问题，所以对未来城镇化的发展道路须有全新思路。2012年9月19日、25日，时任国务院副总理李克强在多个场合论及城镇化建设问题，表明中央的相关思路正在成形。

在城乡二元结构存在的同时，大城市内部的二元结构也非常明显。就像很多文学、影像作品所展现的那样，世界各国在城镇化过程中都曾出现过环境破坏、社会盲流，在拉美国家、印度等地的城镇化进程中，均出现了大城市周围积聚了规模庞大的贫民窟的现象。在中国，一些城市也存在棚户区问题，这种城市内部的二元结构问题，在传统型城市中表现得更为明显。2012年9月25日，全国资源型城市与独立工矿区可持续发展及棚户区改造工作座谈会在京召开，李克强在会上提出要着力破解城市内部二元结构难题，带动内需扩大和就业增加，走可持续的新型城镇化道路。①

2. 农村的人才战略

“三农”问题的解决需要通盘考虑。农业在三大产业中的不利地位导致务农收益难以支撑农民的基本生活需要，教育、医疗等事项很容易使得农民家庭陷入困顿，所以也不可能有太多的精力用来改变现状。想要彻底改变“三农”问题的现状，需要多方面的努力，既要推行优惠政策，更需要让农业自身有“造血”功能。造血的关键在于改变农业落后的状况，使得农业朝着现代农业的方向发展。2012年12月21至22日，中央农村工作会议在北京召开，会议讨论了《中共中央 国务院关于加快发展现代农业进一步增强农村发展活力的若干意见》，既对为2020年全面建成小康社会发展农业的总体规划有所涉及，也提出了2013年的具体工作目标。

中央对工业反哺农业的提法已经有很长时间了，“三农”问题的症结在于

---

① 李克强出席省部级领导干部推进城镇化建设研讨班学员座谈会并讲话[J]. 行政管理改革，2012(10).

生产方式过于传统，而解决问题的关键在于人才。尤其在升学、参军、进城务工等途径下，农村的大部分优秀人才、青壮年劳动力都被吸纳到城市，导致了农村的空心化。近些年组织部门所推行的大学生村官制度，既在一定程度上缓解了大学生就业难题，也为选拔、培养年轻后备干部提供了重要来源，更是破解“三农”问题的重要抓手。

大学生村官制度的发展已经有十多年的经验，中国部分地区从 1995 年开始就探索大学生到农村基层任职的制度。2005 年中共中央办公厅、国务院办公厅下发《关于引导和鼓励高校毕业生面向基层就业的意见》，确立了中央在有关事项上的基本方针。2008 年，经胡锦涛批准，习近平直接指导，“大学生村官”作为一种制度被正式确定下来，并被赋予了改善基层人才结构、培养后备党政干部的重要功能。截至 2012 年 12 月底，中共中央组织部等部门已经出台 15 个相关文件，全国累计选聘逾 30 万大学生到农村基层任职，影响力越来越大。

2012 年 7 月 29 日，中共中央组织部会同中央编办、教育部、财政部、人社部、国家公务员局等联合出台了《关于进一步加强大学生村官工作的意见》（以下简称《意见》）。9 月 12 日，组织部主持会议部署落实《意见》，要求到 2015 年，全国一半以上的行政村须配备大学生村官。

由于大学生村官的具体定位不清晰，管理考核不明确，在实际运作中，很多大学生村官无法发挥应有的作用，也严重违背了政策的初衷。《意见》首次明确大学生村官岗位性质为“村级组织特设岗位”，是国家开展的选派项目，其工作管理及考核比照公务员的有关规定进行。《意见》指出，大学生村官制度的“核心目的是为党政干部队伍培养后备人才”，要逐步实现选调生（组织部门有计划地选拔和重点培养的、作为党政领导干部后备人选的本科以上毕业生）工作与大学生村官工作并轨。这也是政府首次明确大学生村官作为储备干部的角色要优于作为新农村建设推动者的角色。与这种角色定位相匹配，《意见》对大学生村官的工作提出了更有针对性的要求，要求大学生村官在任职期间，要深入了解基层，在基层政府治理实践中锤炼了解社会、为基层服务的能力，要先熟悉政策、走访农户、开展调研、学习技术，尔后须推动开办合作社、自主创业等致富项目的实施，还要承担组织村民开展文体活动、参与调处纠纷等工作。

在人才政策上，除了派遣大学生村官这样的输血工程外，如何保障农村自身优秀人才的培育和发展，是扶持政策的关键。在城乡关系中，历史上农村与城市之间可以通过教育、科举、入仕、官员退休后的荣归故里来实现良性互动；中华人民共和国成立之后，参军成为人才选拔的重要手段；近30年来，教育成为农民子弟改变自身命运的关键，也承载着农民对后代寄予的期望。这些年来，农村的教育问题，也关系到中国城乡之间社会流动，所以对农村中小学的布局不仅仅要从传统农村教育角度去考虑，更要提高到国家的战略高度考虑。

20世纪80年代中期以前，中国农村教育布局基本以“村村有小学，乡乡有初中”为原则，农民子弟可就近入学，为的是让农村学生可以就近接受教育。但自2001年国务院下发《关于基础教育改革与发展的决定》后，各地展开了大规模的“撤点并校”行动；2002年和2003年，国务院和财政部又分别下发了《关于完善农村义务教育管理体制的通知》和《中小学布局调整专项资金管理办法》，进一步推动撤点并校。十余年间，全国农村小学减少了30余万所，占同时期全国小学总减少量的81.3%。

撤点并校的初衷是节约资源、优化农村教育资源配置，然而却导致一些学生上学路途过于遥远、部分学校人满为患等问题；另外，频发的校车事故亦是学校布局不合理这一问题的反映。更为重要的是，对乡村教育的破坏，可能导致社会阶层固化、城乡之间的交流渠道堵塞，长此以往将会造成严重的政治和社会危机。

2012年7月22日，教育部出台《规范农村义务教育学校布局调整的意见(征求意见稿)》，规定了农村义务教育学校布局的宏观原则，严格规范学校撤并程序和行为，并对寄宿、走读、教学点、学生上学时间以及校车等具体问题做出了详细规定。同时指出，农村义务教育学校布局要满足学生就近上学的需要，确因生源减少需撤并的，县级政府要严格履行撤并方案的制定、论证、公示、报批等程序，在省级政府批准前不得撤并。凡是多数家长反对的、撤并后学生交通安全得不到保障的、基础设施达不到条件的，均不得强行撤并。

撤并学校后，农村学生在上学路途中的安全问题成为舆论关心的焦点，校车制度改革变得势在必行。2012年4月初，《校车安全管理条例》出台。8月6日，教育部等20部委联合发布《关于贯彻落实〈校车安全管理条例〉进一步加强校车安全管理工作的通知》，规定在有必要提供校车服务的地方，以县为单位制定校车服务方案；并设置了一定的过渡期，要求县级政府在此期间加强对临时校车的监管，过渡期结束后要采用符合国家校车标准的专用校车，配备专门驾驶员；还对2012年秋季开学后的专项治理活动进行了部署。据悉，国务院已经批复同意由这20部门组成校车安全管理部际联席会议，在国务院的领导统筹下协调全国校车安全管理工作。

3. 发展现代农业

2012年1月13日，国务院印发《关于全国现代农业发展规划（2011—2015）的通知》。这是继2007年《中共中央、国务院关于积极发展现代农业扎实推进社会主义新农村建设的若干意见》提出发展现代农业、2008年党的十七届三中全会正式提出“农业现代化战略”之后，首次以国务院名义下发的现代农业发展规划，凸显决策层对农业现代化的高度重视。总的来说，为了实现全面建成小康社会的目标，中国必须保证农村与城市的共同发展；在未来的政策中，还需要坚持城市反哺农村、工业反哺农业，尽最大可能实现农业现代化。此次规划将转变农业发展方式作为主线，提出了三个核心任务：其一，用现代科学技术改造农业；其二，用市场经营方式搞活农业；其三，用绿色安全理念引领农业。

实现农业、农村发展的根本落脚点还是农民生活水平的提高。中央农村工作会议强调要确保农民增收，加大城乡统筹的力度，工作重点在于创新农业生产经营体制机制，在“守住底线”的基础上抓住“两个关键”。“底线”就是保障农民的土地承包经营权，农民的土地承包经营权是受到国家法律保护的基本权利，正像一些研究所指出的那样，承包经营权保障了农民在丧失进城务工能力后可以实现基本生活自给。但是，近几年来，“资本下乡”正在侵蚀农民承包经营权的保障功能，故一方面要警惕“资本下乡”改变农业用地的性质，另一方面要防止“资本下乡”剥夺农民对农地开发的收益分配权。严守底线，就是要求不可轻易改变坚持了数十年的基本土地制度，防止农村出现失地农民流离失所的现象。

限制农村土地的非农使用，并不意味着要将农民束缚在土地上，将农业限制在粗放型发展的阶段上，而是要正视农业发展转型的现实，希望在发展现代农业的过程中，确保处于弱势地位的农民可以有一个不错的议价条件。中央农村工作会议提出了促进农业经营集约化、专业化、组织化的途径。自1982年家庭联产承包责任制推出以来，农村的主要生产单位是家庭，生产方式较为传统、分散、低效，与现代农业所要求的专业化、集约化、高效率尚有很大的差距，农业经营方式需要改变，此次会议从两个方面提出了策略。第一，扶持联产经营、专业大户、家庭农场，发展多种形式的农民新型合作组织，兼顾充分利用外出务工人员的闲置土地和联合分散的农户；第二，财政资金将重点支持完善农业生产经营体制的改革，探索一种以农户为主体、多种形式并存的生产经营模式，使得农业发展立足于提高质量和效益，更多依靠科技进步、装备改善、劳动力素质提高等因素。

在城乡经济差距日益扩大的时期，城市因其就业机会、工资待遇上的优势吸引农民工涌入，而农民工实际上也成为城市建设的主力军之一。2010 年底，城市居住人口首次超过农村人口，但是这其中就有两亿多的进城务工人员。这些特殊的“城市人”面临着身份认同困难和家庭关系危机。一方面，他们难以真正融入城市，例如，由于户籍政策的限制，无法在大城市落户——且不谈是否有这个经济能力，子女无法接受正常教育，无法享受城市的公共福利。另一方面，大部分进城务工人员身后站着的是空巢化的农村家庭，是留守的子女、年迈的父母。也就是说，农民工身在城市，却不能被城市所接纳，无法实现身份的转变，从农民工变成市民。

2012 年 2 月 23 日，国务院发布了《关于积极稳妥推进户籍管理制度改革的通知》（以下简称《通知》），以着手改善农民工在城镇化过程中的落户难状况。第一，确立了户口迁移的分类对待原则，为农民进城落户建立制度性保障。根据城市的不同级别和层次，《通知》给出了具体的规定：县级市放开户籍登记；地级市对有合法稳定职业满三年并有合法稳定住所（含租赁），同时按照国家规定参加社会保险达到一定年限的人员及其配偶、未婚子女、父母，放开户籍登记；直辖市、副省级市和其他大城市，则继续控制人口规模，暂不放开户籍登记。第二，初步剥离附着在户口上的社会福利特权，保障进城落户农民的实际利益。《通知》明确提出在教育、就业和培训等方面实施与户口脱钩的试点，如在提供促进就业、技能培训等公共服务时，对本地户籍居民和外来人员一视同仁；在义务教育资源配置上，要对本地户籍适龄儿童和外来人员子女一视同仁；在有关就业、义务教育、技能培训等领域实现平等的基础上，本地户籍居民和外来人员在保障性住房、社会保险、交通事故赔偿等更多领域也逐步实现平等。第三，依法保障农民土地权益，防止借户籍改革变相占用农地。

4. 老少边穷地区发展提速

在中国的经济版图中，不仅存在城市与农村的差距，不同区域之间的发展不平衡问题也日益凸显。西部与东部的差距、内陆与沿海的差距等都会在一定程度上制约全面建成小康社会目标的实现。长期以来，帮助落后地区脱贫，是政府一贯坚持的原则，其重点关注“老少边穷”地区，即革命老区、少数民族地区、边疆和贫困地区。

2012 年，中央出台了多项促进老少边穷地区发展提速的政策。3 月 25 日，我国首部专门安排革命老区可持续协调发展的规划《陕甘宁革命老区振兴规划》（以下简称《规划》）正式出台，8 个地级市和 9 个县共 1700 多万人民将从中受益。《规划》针对陕甘宁革命老区提出的发展目标是：到 2020 年经济实力显著增强，现代能源产业体系基本完备，单位产值能耗及污染物排放量进一步降低，城乡居民收入大幅增加，基本公共服务达到全国平均水准，生态建设上实现由“黄”变“绿”。《规划》的出台同时意味着陕甘宁革命老区国家级生态、能源、经济示范区建设正式启动。7 月 13 日，交通运输部会同几个省政府部门专门就此发布《集中连片特困地区交通建设扶贫规划纲要（2011—2020 年）》，力争到 2020 年，基本建成集中连片特困地区内的国家高速公路网。

不同的边疆地区在政策目标上有所差别，例如，西藏地区生态环境脆弱，重点在于维持稳定；而新疆治理则与中国对中亚开放的战略关联在一起，既讲稳定也讲发展。2012 年 2 月 8 日召开的西藏自治区党委常委会指出，全区各级各部门和广大党员干部都要以临战状态投入维护稳定工作和反分裂斗争，确保如遇突发事件，能够在第一时间快速应对、果断处置，全力打好维护稳定攻坚战，牢牢掌握反分裂斗争主动权。

生产建设兵团是新疆的一个重要建制。新疆生产建设兵团为我国最大的兼具戍边屯垦、实行“军、政、企合一”的特殊社会组织，受中央和新疆维吾尔自治区政府的双重管辖，总部驻乌鲁木齐市。这一建制有其历史原因，但是在现代化发展过程中，经济发展的主要动力由政府、兵团转移到市场主体，所以要逐渐淡化附着在经济发展上的政治、军事管理的因素。2012 年 12 月 27 日，国务院批准新疆维吾尔自治区设立铁门关市与阿拉山口市。铁门关市由自治区直辖、新疆生产建设兵团管理，阿拉山口市由博尔塔拉蒙古自治州管辖，两市均按照“师市合一”的模式进行管理。

就在国务院批准新建铁门关市和阿拉山口市的前几天，新疆生产建设兵团在乌鲁木齐举行了各农业师更名揭牌仪式。经中央批准，兵团 13 个农业师由“新疆生产建设兵团农业建设第 × 师”更名为“新疆生产建设兵团第 × 师”。新的名称去掉了“农业建设”，意味着兵团将摆脱过去主要致力于边疆农业生产的宗旨，向着更加现代化的治理和经营方式转变。新疆新设行政区以及兵团名称的变更是在转变新疆治理方式、促进新疆经济发展的大背景下开展的改革举措，标志着新疆的发展迈出了新的步伐。这些举措不仅可以推动新疆经济的发展，更对维护边疆地区的稳定影响深远，对于开拓和完善边疆的治理模式都有着重大的意义。

四、转型期的社会构建

中国 30 多年来的渐进式改革，并不是事先设计好改革的蓝图并全面同步实施的改革；改革需要考虑稳定与民生，在许多时候要先从增量改革再到存量改革、从较容易部分再到较艰难部分渐次推进。一项改革的完成，并不必然意味着配套措施的相应完善，新体制的要素与旧体制的要素往往形成犬牙交错之势，相互之间功能并不匹配。具体到政府、市场与社会的关系上，经历过 30 多年的渐进改革之后，我们可以发现，一些政策措施不符合市场所提出的效率要求，抑或无法满足社会所提出的公平要求。要解决这些问题，需要政府参照当代社会的功能分化，推动管理体制的改革。

在经历新世纪十余年的高速经济增长之后，市场对于社会关系与社会价值观的冲击日益凸显。第四代中央领导集体以极大的努力，推进社会保障安全网的建设，降低市场发展所带来的风险。在 2012 年，我们可以看到此努力的延续。

（一）行政与事业单位改革

如何合理配置政府权力，提高政府效能，以满足市场与社会的需求？在 2012 年之前的几年，精简和规范行政权力的改革已经在不少地方政府展开。广东省政府强调缩减行政审批，在 2012 年更是出台了《广东省“十二五”时期深化行政审批制度改革先行先试方案》，提出到 2015 年，将广东打造成为全国行政审批项目最少、行政效率最高、行政成本最低、行政过程最透明的先行区。四川省曾于 2011 年提出要用三年时间建立全省统一、公开透明的行政权力运行系统，省政府办公厅发布《省级部门清理规范行政权力实施方案》，组织对 73 个省级部门进行行政权力清理规范，并于当年顺利完成；2012 年 4 月 8 日，省政府要求本省各级机关根据《四川省市县政府依法行政评估指标》以及《推行行政权力公开透明运行工作方案》，分类清理行政权力事项、编制行政流程图表、加强政府信息公开，力图在市县政府层面实现政府信息公开与行政权力规范行使的良性互动。类似的地方政府改革，往往具有很强的改善投资环境的意图，对于上级政府而言，也有利于其对下级政府的监督。

在政府与社会、政府与市场的渐变地带，事业单位是具有特色的中间组织。根据国务院《事业单位登记管理暂行条例》，事业单位指的是“国家为了社会公益目的，由国家机关举办或者其他组织利用国有资产举办的，从事教育、科技、文化、卫生等活动的社会服务组织”。截至2012年底，此类机构在我国约有130余万家，广泛分布于科教文卫、农林水利、出版传媒、环境城建等领域，在岗人员逾4000万，集中了全国绝大多数的教师、医生、科研人员和文化工作者等专门人才，是发展社会事业、提供公益服务的主要力量。

在国家治理和社会结构转型中，各级政府都对其管理的事业单位体制改革做出了探索，但是缺乏系统性改革的总体思路，碎片化的局部性改革难以从根本上克服事业单位的公益色彩淡化、功能定位模糊、政企不分等弊端。2011年3月23日，堪称“顶层设计”的《中共中央 国务院关于分类推进事业单位改革的指导意见》（以下简称《意见》）出台，国务院办公厅并于当年7月印发9个配套文件，统一规划改革步骤，力求突破原先各行其是的局面。经过一年多的工作部署，事业单位改革在2012年初见成效。

2012年4月16日，《意见》全文正式发布，重申事业单位的公益属性，明确提出清理规范、分类改革的路线图，希望到2020年建成基本完善的中国特色公益服务体系。《意见》所提及的改革主要分为以下几个方面：第一，清理规范，对现有事业单位的机构编制、实有人数、经费来源等情况进行全面调查摸底。第二，在清理规范的基础上，要求按照社会功能将现有事业单位划分为承担行政职能、从事生产经营活动和从事公益服务三个类别，以实现切割非公益服务职能，正本清源。第三，最终实现行政的归行政，社会的归社会，市场的归市场。《意见》指出，今后5年内，对于承担行政决策、执行、监督等职能，行使行政许可、处罚、强制、裁决等职权的事业单位，要逐步将其职能划归行政机构或将其转为行政机构。对职能剥离调整后的事业单位要重新明确其职责、划定类别，对职责任务不足的可视情况撤并；完全承担行政职能的事业单位则可酌情调整为行政机关的内设机构或精简设置独立机关。

在传统的划分标准下，红十字会在中国就属于具有公共管理职能的事业单位，这种准官方性质及其所带来的运行特征、问题，长期受到诟病。2008年“万元帐篷”、2011年“天价餐费”、郭美美事件等负面事件的发生，更迫使对红十字会的改革已像箭在弦上，不得不发。2012年7月10日，《国务院关于促进红十字事业发展的意见》（以下简称《意见》）出台，为社会事业发展立下标杆。

相关措施综合起来包括两个方面：第一，在政府主导下重新优化制度设计，厘清政府与社会的关系，即一方面政府要对红十字会起到指导、监督和支持的作用，另一方面也要尊重红十字会独立依法行事，不干涉其自主权。当然也要增强红十字会履职的能力。第二，加强信息披露，促进运行的公开透明。围绕红十字会的争议事件之所以持续发酵，一个重要原因就是信息的不公开，导致产生公众信任危机。《意见》要求红十字会严格执行信息公开制度，做到募捐、招标、资金使用等信息公开透明，切实保障捐赠人和社会公众的知情权、监督权；在信息公开的基础上，《意见》强调要建立和完善法律、政府、社会和自我监督相结合的综合性监督体系。红十字会内部要建立社会监督委员会，对捐赠款物的管理、使用情况进行监督；建立绩效考评和问责机制，严格实行责任追究。

（二）明确社会主义核心价值观

正如卡尔·波兰尼所指出的，自我调节的市场从未真正存在，当市场经济逐渐从社会中“脱嵌”，会引发保护人与自然的“反向运动”，旨在使“脱嵌”的市场经济重新嵌入社会。当代中国在推进市场化的过程中，原本维系社会秩序的诸多机制丧失了效力，从而呼唤着新的、更能限制市场化消极后果的社会机制的诞生。新世纪以来，中国社会出现了强劲的“反向运动”，也推动了公共政策的改革。在2012年，我们可以看到大量政策围绕着社会秩序的建构而展开。

1. 维系社会的核心价值体系

中华人民共和国成立后，人们有着比较一致的社会理想。中国实行对外开放后，尤其是实行市场经济后，价值观呈现多元化倾向，来自西方国家的各种思潮也跟着进来，市场主义、金钱主义影响了一些人。但是社会的和谐不是建立在金钱物质的基础之上，人们对中国社会中存在的道德滑坡现象会产生忧虑。加强道德建设，成为社会建设的重要维度。

中央精神文明建设指导委员会于2017年5月14日在京召开道德领域突出问题专项教育和治理活动视讯会议。会议要求以“重在建设、正面引导，抓住关键、重点突破，区别情况、分类指导，为了群众、依靠群众”为指导，围绕增强道德荣誉感，广泛开展公民道德教育；围绕加强诚信建设，集中治理群众反映强烈的突出问题；围绕发挥重点人群的示范作用和基础作用，深入推进道德实践活动；围绕树立正确的道德取向，继续实施以净化荧屏声频和强化文化市场监管为重点的文化环保工程。

其实，中央曾经多次进行道德文明建设，从很早之前提出的社会公德建设，到遍布全国的诸如“党员先进模范家庭”“三好/五好家庭”之类的活动，有的地方甚至搞过文明城市建设，这些措施都有一定的意义。而核心则在于对社会主义传统的继承和创新。

在中国共产党的革命和建设历史上，曾涌现出许多令人崇敬的优秀人物。在中共中央的宣传工作中，会将每个时期某个领域值得宣传的优秀人物的典型事迹，进行概括、提炼，形成某种精神，以便在全国推广。如我们倡导的为人民服务的精神、雷锋精神、大庆精神（以“铁人”王进喜为代表）、红旗渠精神等，这些精神代代相传，成为社会主义精神文明的基础，而我们今天必须继承和发扬热爱祖国、热爱人民、为人民服务的精神，形成社会主义精神文明的核心价值观。

近些年来，中央提得比较多的是“雷锋精神”。“雷锋精神”是以1962年牺牲的解放军先进典型雷锋的名字命名的道德精神品质，其核心是全心全意为人民服务，为了人民的事业无私奉献，主要包括助人为乐、无私奉献、勤俭节约、爱岗敬业、爱党爱国等内涵。1963年3月5日，《人民日报》发表毛泽东题词“向雷锋同志学习”，此后，每年3月都会开展纪念和学习雷锋精神的活动。在建设社会主义核心价值体系的活动中，学习雷锋精神成为提升公民道德水平的重要组成部分。2011年11月，党的十七届六中全会提出要深入开展学雷锋活动，这一活动在2012年得到加强，被要求“常态化”。

2012年2月27日，中宣部举行学习践行雷锋精神新闻发布会，为学雷锋活动进行社会动员。2月28日至29日，中宣部举行第九届中国公民道德论坛，强调要借助学雷锋活动把公民道德建设引向深入，推进社会主义核心价值体系建设。3月1日，中宣部、中央文明办在北京召开视讯会议，研究部署了弘扬雷锋精神的各项工作。3月2日，中共中央办公厅印发了《关于深入开展学雷锋活动的意见》，传达了中央关于“学雷锋”活动的精神，在全国范围内对深入开展学雷锋活动做出了总体部署。自1963年以来，全国曾多次开展学雷锋活动，但是将其作为常态化活动的要求还是首次。《关于深入开展学雷锋活动的意见》还提出了学雷锋活动的常态化专案，各部委和地方政府也积极出台了相关措施以响应中央号召。

2. 探索社会治理的新思路

在中国的政府机构中，承担社会管理职能的部门很多。其中，民政部门长期以来承担着管理社会组织、开展优抚赈灾救济、保障国民基本福利等职能，是提供社会管理服务的主要部门。在社会结构急速变化的时代，民政部门的职能、结构和工作方式也需要发生相应的改变，以适应新的社会需要。中国政府社会管理权限大，但编制人员有限，同时也经常面临着管理手段的缺乏，难以应对突发问题、回应人民的复杂需要。一种解决路径，就是政府放权，将部分公共服务交给市场，让市场与社会自己产生出供应渠道。

2012 年 3 月 19 日，国务院在北京召开第十三次全国民政会议，明确提出民政部门要深入推进改革、完成创新社会管理服务体制机制的历史任务。此次会议提出了多项改革措施：首先，探索政府的简政放权，转变职能。将政府所承担的社会管理职能适当地转由城乡社区和社会组织来承接；民政部门作为社会组织和社区建设管理的直接责任者，将进一步简政放权。其次，扩大社会参与，完善公共服务体系，进一步将可以放开的社会公共服务交由市场来提供。此次会议指出，政府在向社会组织转移职能的过程中将加强引导和鼓励，通过政府购买服务刺激社会组织快速成长，实现行政职能和社会力量在公共事务投入上的有效结合与良性互动。

在发达国家和地区，有大量的专门从事社会工作的人员，尤其在应急处置、社区建设以及犯罪预防等问题上，已有比较成熟的社会工作专业人员，但我国此方面人才严重短缺。为解决此问题，政府部门从培育社工人才和完善志愿服务两方面入手。2012 年 4 月 26 日，中央组织部、中央政法委、民政部、人力资源和社会保障部等 19 个部门和群团组织联合发布了《社会工作专业人才队伍建设中长期规划（2011—2020 年）》（以下简称《规划》），标志着这项事业将从个人道德驱动转入由政府鼓励、支持和引导的公共驱动的新阶段。《规划》指出，到 2015 年要培养 50 万名社会工作专业人才，并在 2020 年力争达到 145 万名的规模。对此《规划》提出了三个方面的举措：第一，加强社会工作专业教育；第二，完善职业水准评价制度；第三，实施重点人才工程。

在社会服务的提供者中，除了专门人才外，志愿者群体是非常重要的组成部分。成功的社会治理模式需要将志愿活动融入社区生活之中，一些高等院校要求学生在毕业前参加一定时间的志愿服务。中国的志愿者服务事业还未成熟，一些领域还存在不规范的情形，而伴随中国城镇化建设逐渐成熟，很多人都有志愿服务梦，却找不到适当的施展途径。

2012 年 9 月 27 日，民政部在其官方网站公布《志愿服务记录办法》，公开征求社会各界意见，并准备于 2012 年 11 月 1 日起正式实施。11 月 5 日，民政部发布通知，决定在全国开展志愿服务记录制度试点工作。民政部要求，每个省份要选择 3 ~5 个试点地区，在城乡社区和民政服务机构率先开展实行志愿服务记录制度的试点，为期两年。具体来说，《志愿服务记录办法》建立了如下机制：第一，推行志愿服务记录管理机制，以便对志愿者有更好的鼓励和激励；第二，在记录的基础上，对志愿者等级进行评定；第三，实行志愿者回馈激励机制，志愿者在无偿服务他人的同时，也可以在出行、工作、使用公共资源的过程中，享受一定的优惠。

3. 完善社会保障体系

养老、医疗、教育、住房，已经逐渐成为困扰中国城乡居民的“四座大山”。传统上的家庭养老正逐渐转变为国家和社会养老，而人口老龄化的加剧使得看病难成为通病，医疗卫生服务领域存在巨大的缺口；而在改革开放之前乃至之后的一段时期，我们将医院定位为社会主义服务性质的机构，医疗卫生服务领域尚未完全实行市场化。这样就造成了一种内在矛盾，一方面，医疗服务紧缺，另一方面又不允许医生按照市场规律获取报酬。由此导致了医院采取“以药养医”的做法，即医院通过给病人开高价药、再从药品供应商那里获取提成的方式增加收入，这导致了医患关系的紧张，医疗改革的进一步方向在于既切实满足人民的医疗需求，又要改善医生的收入状况。

自2009年起，政府开始转而强调医疗卫生服务体系的公益性与政府主导性，推出加快推进基本医疗保障制度建设、初步建立国家基本药物制度、健全基层医疗卫生服务体系、促进基本公共卫生服务逐步均等化以及推进公立医院改革试点等“五项重点”工程。其基本目标是确保2020年人人享有基本医疗服务。2012年3月14日，国务院印发《“十二五”期间深化医药卫生体制改革规划暨实施方案》（以下简称《方案》），对未来四年全民医保体系、基本药物制度、基层卫生机构建设和公立医院改革等多方面工作进行了细致部署。

过去，以出售公立医院为基本特征的医改“宿迁模式”带来了很多问题，例如区域卫生规划缺失、基层医疗削弱、医疗监管不力等。自2009年以来，医改在“公益性”与“政府主导性”思路的指导下，扭转了市场化带来的公共资源配置困局，令医疗服务能够惠及广大群众。此次国务院所印发的《方案》是这种改革思路的延续。由政府提供基本的社会公共医疗服务，是中国的一贯做法，相较于美国的高度市场化的医疗制度，中国的做法更有利于保障广大群众健康生活。2012年8月30日，国家发改委等六部委联合发布《关于开展城乡居民大病保险工作的指导意见》，对城乡居民大病保险的筹资机制、保障内容、承办方式和监管工作等方面提出原则性要求，旨在建立中国的大病保险制度，解决因病致贫、因病返贫等社会问题，这是健全中国全民医保体系进程中极为重要的一环。

除了医疗领域外，在教育、养老、住房等基本生活领域，政府都发挥着非常重要的作用。2012年7月11日，国务院发布《国家基本公共服务体系“十二五”规划》（以下简称《规划》），首次列明政府提供基本公共服务的义务清单和履职路线图。与此同时，《社会保障“十二五”规划纲要》《集中连片特困地区交通建设扶贫规划纲要（2011—2020年）》等文件也相继发布，释放出我国致力于构建制度化公共服务体系的强烈信号。为实现

“学有所教、劳有所得、病有所医、老有所养、住有所居”的总体目标，《规划》在多个领域确定了44类80个项目，并明确了每一项基本公共服务的国家基本标准。同时，《规划》还明确界定了中央与地方政府的事权和责任分配机制，强化了省级政府的责任，并要求国家发展改革委员会对计划进行监督。

五、统筹“两个大局”的新阶段

鉴于党的十八大是在2012年11月8日召开，将报告的精神落实到政策层面仍有待时日，2012年的各项具体政策总体上具有承上启下的特点，呈现出与前一个时期较强的延续性。但在这一年，中国的对外政策已经出现了更加积极有为的态势。这一态势在党的十八大报告中得到了进一步的肯定：“中国将坚持把中国人民利益同各国人民共同利益结合起来，以更加积极的姿态参与国际事务，发挥负责任大国作用，共同应对全球性挑战。”报告提出“努力使自身发展更好惠及周边国家”，“永远做发展中国家的可靠朋友和真诚伙伴”，“推动国际秩序和国际体系朝着公正合理的方向发展”，“扎实推进公共外交和人文交流，维护我国海外合法权益”。这一系列表述综合起来，预示着一种新的政治整合路径。

“负责任大国”的自我定位，绝不仅仅影响中国的对外政策，它也将深刻地影响中国的内政治理。在一个全球化时代，“内”与“外”之间并没有截然分明的界限，而是日益呈现出相互嵌入之势。中国的经济已经嵌入全球市场之中，作为“世界工厂”为全世界制造产品，中国的资源进口也影响到全世界大宗商品的价格，中国的产业升级将关联很多发达国家的产业；相应地，中国的各项国内大政方针，影响力也将溢出国界，对周边国家乃至全球产生影响。这种影响已经成为一种发展态势，中国有必要贯通“内外”，以更宏大的视野，统筹国内与国际两个大局。

“中国梦”的提出在一定程度上体现了中国的新思维、新战略、新视野，因为“中华民族伟大复兴”指向的是中国在国际体系中占据更为重要的地位，这一目标引导国内各个社会群体不仅在国内，而且在整个国际体系中思考自身的未来，而这就为政治整合提供了新的可能性。比如说，在党的十八大之前，舆论界围绕着“国进民退”“国退民进”还是“国进民也进”展开激烈讨论，这种讨论在很大程度上源于各个社会群体对自身利益进行了静态化的理解。而如果着眼于中国企业“走出去”，在广阔的全球发展与合作的格局中思考，面对不同制度、不同利益诉求的国际竞争者，中国企业必须打破零和博弈的迷思，相互间形成更加紧密的合作关系。而不同类型资本之间的合作关系，也将延伸到不同类型的经济主体之间的合作关系。

那么，中国如何才能在国际体系中获得更为重要的地位呢？这不仅需要中国硬实力的继续增长，也依赖于中国为其他国家提供合作发展的能力与意愿。中国不仅要解决自身所面对的一系列发展问题，同时也要考虑中国的发展模式、发展道路会对发展中国家带来怎样的启示，使中国学术界打破对西方理论的迷思，增强制度自信和理论自信。那种迷信西方普世价值，无视中国制度优越性的思路，将日益脱离中国的实践。中国的经验是特殊的，但也包含了普遍性，当中国对人类所面临的共同问题做出回应时，中国的经验和发展道路对其他国家也将具有启发与借鉴意义。

就经济发展而言，中国从一个一穷二白的国家到建设起完整的工业体系，经历了从计划经济向市场经济的过渡，实现了高速增长，但也带来了贫富差距的拉大与社会风险的上升，中国在推动产业升级的同时，开始致力于调整经济发展不平衡。由于中国经济规模庞大，中国在经济发展中的多方面探索，对很多发展中国家都有借鉴作用。中国在政治经济体制与社会治理上的探索，也日渐具有国际意义。

2012 年，中国完善了集体交接班机制，顺利地实现了党和国家领导权力平稳交接到下一届领导集体手中，巩固和发展了已有的一系列政治制度与惯例。尽管这主要是过渡性的一年，但仍在内政和外交上留下了诸多建设性成果。而党的十八大的胜利召开，更是标志着中国进入了统筹“两个大局”的新阶段。中国道路就是这样，在一代又一代人的接力之中，不断向前延续。

第二部分

中国发展动态月度报告

（2012）

1月 “三农”顶层设计逐渐成形

中央纪委七次全会首提保持党的纯洁性

新时期“三农”工作路线图显出雏形

全国金融工作会议强调金融服务实体经济

全国能源工作会议确立“稳中求进”的政策基调

高等教育改革着眼现代大学制度建设

七省市开展碳权交易试点

现代农业五年发展规划出台

中央纪委七次全会首提保持党的纯洁性

2012 年 1 月 8 日至 10 日，中国共产党第十七届中央纪律检查委员会第七次全体会议（以下简称“中央纪委七次全会”）在北京召开。会议期间，中共中央总书记胡锦涛发表了重要讲话，首次在中央纪委全会上提出“保持党的纯洁性”。[①] 党的十六大以来，胡锦涛先后十次在中央纪委全会上发表重要讲话，相较于以往的反腐倡廉、党风建设、学习贯彻党章等主题，此次会议首次提出的“保持党的纯洁性”主题不仅新颖，着眼点也更高，因而引起了广泛关注。

1. “三个并存”，反腐工作形势严峻

中央纪委七次全会对反腐工作总体态势提出了“三个并存”的判断，即党风廉政建设和反腐败斗争呈现出成效明显和问题突出并存，防治力度加大和腐败现象易发多发并存，群众对反腐败期望值不断上升和腐败现象短期内难以根治并存。这一判断对反腐败斗争的现状进行了全面的、历史的分析，反映出当时我国反腐败工作仍面临着严峻的局势，任务复杂艰巨，且将长期

① 中国共产党第十七届中央纪律检查委员会第七次全体会议公报［N］. 中国纪检监察报，2012-01-11.

持续。面对如此艰难的反腐局面，胡锦涛强调："全党都要从党和人民事业发展的高度，从应对新形势下党面临的风险和挑战出发，充分认识保持党的纯洁性的极端重要性和紧迫性，不断增强党的意识、政治意识、危机意识、责任意识，切实做好保持党的纯洁性各项工作。"① 因此，将反腐工作与"保持党的纯洁性"的重要性和紧迫性联系起来，是在对党内反腐工作现状进行科学判断后做出的回应。

2. 路线明确，保持党的思想、队伍和作风纯洁

胡锦涛在讲话中明确了"保持党的纯洁性"的路线和要求，即"四结合"与"三纯洁"。"四结合"要求坚持强化思想理论武装和严格队伍管理相结合、发扬党的优良作风和加强党性修养与党性锻炼相结合、坚决惩治腐败和有效预防腐败相结合、发挥监督作用和严肃党的纪律相结合，"三纯洁"则包括思想纯洁、队伍纯洁和作风纯洁。②"四结合"与"三纯洁"具有紧密的内在关系，强化思想理论武装和严格队伍管理结合有利于保持党员干部思想的纯洁和队伍的纯洁；发扬党的优良作风和加强党性修养与党性锻炼相结合则有利于保持党员、干部作风的纯洁；坚决惩治腐败和有效预防腐败相结合、发挥监督作用和严肃党的纪律相结合，都是从外部环境和体制机制来维护和促进党的纯洁性。

3. 内净外强：正视"党情"，应对"国情"

"保持党的纯洁性"虽在中央纪委全会上是被首次提出，但在历史上是中

---

① 中国共产党第十七届中央纪律检查委员会第七次全体会议公报［N］. 中国纪检监察报，2012-01-11(01).

② 资料来源同上。

国共产党的一贯追求。早在1945年，毛泽东就提出中国共产党要取得全国胜利，“就要有一个有纪律的、思想上纯洁的、组织上纯洁的党”[①]，将党的纯洁性作为凝聚人心、形成合力、完成革命任务的重要条件。如今，已执政六十余年的中国共产党在最高领导集体权力即将交接之际，重提“保持党的纯洁性”，说明当下及未来反腐倡廉工作任务之艰巨、责任之重大，同时也体现了中国共产党敢于正视“党情”，勇于面对“国情”的决心和魄力。截至2012年1月，中国共产党已经拥有8000多万名党员，380多万个基层党组织，组织管理和教育的压力越来越大；从执政环境来说，面对经济发展、社会转型和对外开放，中国共产党需要解决的问题也更加繁多复杂。在此情形下，重提“保持党的纯洁性”，是在千头万绪中反求诸已，为今后一个时期的体制改革打下基础，无疑具有深刻的政治意义及新的历史意义。

（文/叶蕤）

新时期“三农”工作路线图显出雏形

2011年12月27日，国务院总理温家宝在中央农村工作会议（以下简称“会议”）上做了题为“中国农业和农村的发展道路”的讲话，回顾农业农村发展的巨大成就，阐述农业、农村工作的若干重大问题并提出要求，[②] 有关部门随即出台措施呼应讲话精神，新时期“三农”工作的路线图在旬月之间已显出雏形。

1. 确认农业基础地位，发展现代农业

温家宝在讲话中强调农业在国民经济中的基础作用不会改变，抓好农产

① 毛泽东．毛泽东文集，第三卷［M］．北京：人民出版社，1996年8月．

② 温家宝．中国农业和农村的发展道路［J］．求是，2012(2)．

品供应始终事关大局。[①] 尽管自改革开放以来，粮食和主要农产品产量大幅增加，但生产能力仍不稳固，供求关系仍然偏紧，温家宝认为，要解决这些问题，出路唯有发展现代农业。[②] 对此会议确定，中央2012年《关于加快推进农业科技创新持续增强农产品供给保障能力的若干意见》突出强调加快推进农业科技创新，以之作为实现农业现代化的重要支撑。除技术层面的要求外，会议着重指出要改革农业科技体制，2012年务必完成乡镇或区域性农业科技推广、动植物疫病防控、农产品品质监管等公共服务机构建设任务。

2. 合理促进城镇化，保障农民权利

城镇化是经济社会发展的必然趋势。国家统计局宣布，到2011年末，中国城镇人口占总人口比重已达51.27%。在30年间增加的5亿城镇常住人口当中，有相当数量是进城的农民工，其中绝大多数仅是就业却难以安家，这并不符合他们的愿望，实际上也加剧了城乡隔阂，还造成了农村留守儿童、妇女、老人这“三留守”的局面。对于如何在保住城镇化成就的同时与农民分享经济发展红利、解决“三留守”问题，温家宝强调，一要合理引导人口的流向，必须一方面采取措施让具备条件的农民工在就业所在地逐步安家落户，另一方面加快调整地区生产力布局，引导产业向内地、向中小城市和小城镇转移，让更多农民就地就近转移就业；二要充分考虑农村转移人口的当前利益和长远生计。[③] 民政部出台《关于促进农民工融入城市社区的意见》，提出社区为农民工提供服务、农民工参与社区自治和文化生活等目标，以配

---

① 温家宝．中国农业和农村的发展道路［J］．求是，2012(2).

② 丁俊萍、甘久翔．改革开放以来我国非公有制经济组织党建工作的历史考察及其经验总结［J］．社会主义研究，2010(1).

③ 温家宝．中国农业和农村的发展道路［J］．求是，2012(2).

合新时期的城镇化需求。温家宝指出，我国经济发展水平有了很大提高，不能再靠牺牲农民土地财产权利降低工业化城镇化成本，有必要也有条件大幅度提高农民在土地增值收益中的分配比例，精心设计征地制度改革方案。① 事实上，征地过程中的利益失衡及其带来的不稳定因素已不容小视。对此温家宝提出，要加快修改土地管理法、推进集体土地征收制度改革。②

3. 启动农村改革试验，探索改革新思路

在中央农村工作会议召开前后，农业部会同有关部门批复了北京市大兴区等 24 个农村改革试验区，围绕现代农村金融制度、经营制度、土地管理制度、支持保护制度、城乡经济社会发展一体化制度、民主管理六个方面的农村改革试验区工作正式启动。在超前探索、创新制度，重点突破、配套推进，统一指导、地方为主，先行先试、封闭运行的基本原则下，试验区将为农业现代化与城镇化积累经验，为深化农村体制改革探索新路子。③

4. “三化”协调推进：农业现代化与工业化、城镇化相融合

我国农业已经站在由传统迈进现代的关口，但只有在与工业化和城镇化进程相协调的前提下，农业现代化才有可能取得质的进步；同时，工业化和城镇化亦亟须突破自身的瓶颈。在此形势下，中央农村工作会议强调“同步推进工业化、城镇化和农业现代化”，力图“三化”进程互为促进，即保障农产品供给满足工业化发展的原料需求与城镇化过程中的食品需求；促进农民财富增长，为工业产品与城镇服务业开拓广阔市场空间；加快转变发展方式，

---

① 温家宝．中国农业和农村的发展道路［J］．求是，2012(2)．

② 资料来源同上。

③ 王烨捷．农业部确立新一批农村改革试验区［N］．中国青年报，2012-01-13.

推进现代农业建设的同时也促进非农产业与农村人口向城镇转移，促进城镇化与农业现代化融合。总而言之，新时期的“三农”工作路线图必将在“三化”协调的进程中展开，并服务于此目标。

（文/李柯）

全国金融工作会议强调金融服务实体经济

2012 年 1 月 6 日至 7 日，第四次全国金融工作会议在北京举行，温家宝出席会议并讲话，系统总结近几年来的金融工作，分析当前金融改革开放发展面临的新形势，对今后一个时期的金融工作做出部署。[①] 在全球经济仍处于深度调整期、国内外金融形势复杂多变的大背景下，这次会议传递出的政策信号格外引人瞩目。

1. 服务实体经济是金融发展的根本

与前三次金融工作会议将工作重心放在金融业自身的发展上不同，在此次会议提出的“五个坚持”原则中，“坚持金融服务实体经济的本质要求”被放在首位。实体经济是经济发展的根基。金融业则围绕着实体经济的需求而产生。我国近一两年来出现了实体经济趋向于产业空心化，而虚拟经济趋向于自我循环和膨胀的现象。[②] 金融服务实体经济原则的提出旨在遏制这一现象蔓延。

基于此，此次会议指出金融行业应当服务于当下经济结构的转型和解决经济发展中遇到的棘手问题，重点支持经济结构调整、节能减排、环境

① 新华社．全国金融工作会议在京召开［N］．人民日报，2012-01-08.

② 新华社．总结经验明确方向不断开创金融工作新局面［N］．人民日报，2012-01-30.

保护和自主创新，特别要加快解决农村金融服务不足、小型微型企业融资难问题。[①] 舆论普遍认为，这将体现为有保有压、定向宽松的货币政策，在建续建工程、保障房项目、教育等民生工程及“十二五”重点项目仍将是主要受益者。对于容易引发资产泡沫和产业空心化等长期结构性问题的房地产业，政府将继续严格执行并逐步完善抑制投机投资性需求的政策措施。[②]

2. 防范化解风险是金融工作生命线

实体经济的健康发展，离不开平稳良好的金融业的支持，这必然要求全面落实金融风险控制。中国在经历长达10年的低通胀、高增长之后，正步入稳增速与调结构并进的新周期。随着货币政策由松到紧，房地产泡沫增大、地方政府债务剧增、民间资金链断裂等风险也不得不防。对此，此次会议提出坚持把防范化解风险作为金融工作生命线，并重点安排“切实防范系统性金融风险”，“提高金融机构风险管理水准，加强金融监管和调控能力建设”等任务。具体来看，此次会议指示银行业要建立全面审慎的风险监管体系；证券业要完善市场制度，强化行为监管，保护投资者合法权益；保险业要加强偿付能力监管，完善分类监管制度。[③]

3. 改变“重融资轻回报”状况，提振股市信心

近期A股市场的融资功能凸显，但是没有能够形成真诚回报投资者的氛围，绝大部分上市公司现金分红股息率远低于存款利率。[④] 因股市表现疲软，投资者信心不足，资本市场投机气氛浓郁、风险凸显。针对这种情势，会议

---

① 新华社．总结经验明确方向不断开创金融工作新局面［N］．人民日报，2012-01-30.

② 史进峰．金融改革蓄势待发：民资入场是最大看点［N］.21世纪经济报道，2012-01-10.

③ 新华社．总结经验明确方向不断开创金融工作新局面［N］．人民日报，2012-01-30.

④ 王尧基．上市公司对投资者应“知恩图报”［J］．董事会，2011(11).

提出要“提振股市信心”。这在政府文件中尚属首次。并且，会议特别强调要抓紧完善发行、退市和分红制度以改变资本市场“重融资轻回报”的状况，让投资者摆脱高风险低收益的困境。[①] 这表明中央对当下的新股发行制度和市场低迷存在担忧，未来将有更多措施来提振资本市场，使其远离风险，更好地服务于经济发展。

4. 服务实体经济，稳中求进

全国金融工作会议是中国金融系统最高级别的会议，由于此前三次金融工作会议都对会后五年的金融改革定了基调，也分别推出了一系列重大改革措施，所以，全国金融工作会议已成为观察中国金融业改革的风向标。坚持金融服务实体经济、提升金融为实体经济服务的能力是此次会议的核心，预计也会成为未来中国金融业发展的基本原则之一。在强调金融服务实体经济的本质特点的情况下，未来的利益格局将有所改变，实体经济的利益需要得到加强。然而由于党的十八大召开在即，加之前三次金融工作会议已经完成中国金融基本架构的搭建，故而此次金融工作会议从基调上倾向于稳中求进，强调政策的连续性，方向上没有大的改变。[②]

（文/于翔）

全国能源工作会议确立“稳中求进”的政策基调

2012 年 1 月 10 日，全国能源工作会议在京召开，确立了“三稳三进”的

---

① 新华社．总结经验明确方向不断开创金融工作新局面［N］．人民日报，2012-01-30.

② 史进峰．第四次全国金融工作会议召开金融机构改革“稳中求进”［N］.21 世纪经济报道，2012-01-09.

工作目标。“三稳”是指确保能源产量稳定增长、能源稳定供给、能源市场供求与价格稳定，“三进”是指在调整能源结构、提高能源加工转换效率以及建构安全、稳定、经济、清洁的现代能源产业体系方面取得实实在在的进展；在合理控制能源消费总量、提高能源使用效率方面取得实实在在的进展；在推进能源科技创新和体制机制创新方面取得实实在在的进展。可以看出，能源工作的基调将从2011年的“创新能源发展方式”转变为“稳中求进”。

1. 确保生产总量稳定增长，加强供应保障能力

为保障经济社会平稳较快发展，2012年要继续加强能源供应保障能力建设。建设的重点在于落实“十二五”规划纲要，优化能源开发布局，有序开工重大能源项目，确保能源生产总量稳定，加强重点能源生产基地建设，加强能源输送通道建设，加强石油、天然气、煤炭等储备能力建设。此次会议指出，2011年，我国能源供应保障能力明显提高，综合分析宏观经济走势，2012年要新增煤炭生产2亿吨，新增发电装机容量7000万千瓦左右。

2. 调整能源结构，以传统能源为主、新能源为辅

分析此次全国能源工作会议中的国内能源建设相关资料可知，在2012年，传统的煤炭、石油等化石能源仍将占主导地位；水电能源由于开发成本较低、效益明显，将得到“积极发展”；核电能源的开发将更加谨慎，强调必须以“确保安全为基础”；而关于发展风电与太阳能能源的表述趋于中性。换言之，2012年的能源政策肯定了以传统能源为主，以新能源为辅。以新能源为辅有以下原因：在技术方面，新能源技术亟待完善，比如风电的稳定性和风电机的可靠性仍有不足；在政策方面，此次会议以务实的态度强

调能源的稳定供应和保障能力，在此基础上追求新能源工作“实实在在”的发展。

3. 控制能源消费总量，建立倒逼机制

我国将逐步建立合理控制能源消费总量的倒逼机制，落实能源消费总量和强度双重控制的要求。根据《“十二五”节能减排综合性工作方案》，能源消费总量控制目标将被分解到各地方政府，实行目标责任管理，建立能源消费总量预测预警机制。在此基础上，倒逼机制将严格限定各地方的能源消费总量，迫使地方政府调整产业结构，改变以能源消耗为主的经济增长模式，从而实现抑制全国能源消费量上升的目的。此外，国家能源局在此次会议上发布《合理控制能源消费总量工作方案（征求意见稿）》，指出将研究开征化石能源消费税，并研究煤炭资源税从价计征，这是继石油、天然气资源税由“从量定额”改为“从价定率”计征后的又一新举措。

4. 规划能源新政，启动国家能源发展战略

2012 年中国将启动《国家能源发展战略》编制工作，提出中国能源发展的总方略与战略图，同时将抓紧出台一批煤炭、电力、炼油、煤炭深加工、页岩气、天然气、煤层气、可再生能源产业政策。启动国家能源发展战略将优化能源布局和能源结构，旨在以改革的思路在能源开发的重点领域和关键环节争取突破；而出台能源产业政策将为地方政府指出新的发展方向，在调整能源结构、控制能源消费总量的大政策背景下，引导各地方政府充分发掘和利用现存的能源资源，例如重视和发展煤层气与页岩气等清洁度较高的化石能源。能源产业政策进而将成为能源开发利用、社会资源配置、重大项目决策、地方政府投资安排的重要依据。

5. 增强忧患意识，追求实在进展

2012 年的全国能源工作会议以“忧患意识”开局，强调能源工作对于经济发展的重要意义，确立“稳中求进”的工作思路：一方面，稳定能源生产、供给与价格，保障经济的稳定增长；另一方面，调整结构、控制总量和规划新政策，深化能源改革，完成节能减排任务。“稳中求进”的政策基调和新能源地位转变的事实都说明我国在能源开发利用方面需要的是实实在在的进展，而非不切实际的求新。不仅如此，联系 2011 年末国内煤电企业的价格之争以及电力供应的紧张局势，可知政府在未来亦须探索市场化途径，理顺体制、机制以走出能源困局。

（文/林熙翔）

高等教育改革着眼现代大学制度建设

2012 年 1 月 1 日，《高等学校章程制定暂行办法》（以下简称《章程办法》）和《学校教职工代表大会规定》（以下简称《教代会规定》）付诸实施，为高等学校依法自主办学、实施管理和履行公共职能提供了基本准则。这两个规章与 2010 年的《国家中长期教育改革和发展规划纲要（2010—2020 年）》、2011 年的《高等学校教师职业道德规范》相承接，表明政府已明晰高等教育改革和发展的突破口，即理顺高等教育管理体制、建设现代大学制度。

1. 重新定义高校地位，推动政校分离、大学自治

长期以来政府集办学者、管理者双重角色于一身，通过科研立项等方式控制学术资源投入、主导学术研究方向，高校缺乏足够的自主权。2010 年 7

月，政府发布了《国家中长期教育改革和发展规划纲要（2010—2020 年）》（以下简称《纲要》），明确提出建设“依法办学、自主管理、民主监督、社会参与”的现代大学制度，提出要推行政校分开、管办分离，实现政府职能从直接的行政管理、行政审批到服务监督、统筹协调的转变，以宏观管理的方式支援学校自主办学。《章程办法》和《教代会规定》的实施则为实现《纲要》目标、推动高等学校依法自主办学提供了基本准则、政策支持和规范指导。

2. 推动大学章程制定，强化师德约束

此时我国公办高校多数还没有章程，已有章程也不符合现代大学制度要求。《纲要》对此提出要加强章程建设，各类高校应依法制定章程，依照章程规定管理学校；尊重学术自由，营造宽松的学术环境。《章程办法》规定了学校章程的内容、执行程序等，各高校可以根据自己特色制定学校章程，最后经由有关部门核准后生效。高校章程建设作为高校改革的切入点，以章程界定政府与学校的关系，保障学校的办学自主权。除了外部的制度建设，教育部还强调对高校教师自身的道德约束。针对近年来部分教师学术不端、道德失范等行为，教育部 2011 年底发布《高等学校教师职业道德规范》，旨在规范高校教师的教育教学和学术研究行为，特别强调高校教师的社会道德责任，并将师德纳入教师考核评价体系。

3. 改革内部治理机制，强调学术自由、去行政化

针对当下大学内部存在行政权力主导学术权力的倾向，《纲要》提出强化“党委领导下的校长负责制”，校长作为学校的法定代表人和行政主要负责人，全面负责学校的教学、科研和其他行政管理工作，内部治理机制上尊重学术自由，推动教授治学；明确学术委员会等学术组织产生的民主遴选规则及其决定权、督促权和议事程序等，形成学术权力与行政权力相互促进、相对独

立的均衡机制；确认教代会是学校民主管理中的基本形式。《教代会规定》细化了上述设想，明确教代会“是教职工依法参与学校民主管理和监督的基本形式”，载明了教代会的职权、代表、组织机构等重要事项。

4. 高校改革任重道远，需更高层面统筹安排

大学承担着传承人类文明与探索未知领域的重要使命，同时为国家发展提供着重要的智力支援。在当下的中国，建设现代大学制度显得颇为紧迫。教育部希望从大学章程和教代会等制度的建设入手来推动政校分离和大学自治，用心良苦，然而大学的举办和运行有着很强的外部资源依赖性，仅凭教育部门的单打独斗很难医治现有大学体制的痼疾。要实现高校改革和文教兴盛的宏伟目标，尚需更高层面的统筹安排。

（文/史志强）

七省市开展碳权交易试点

2012 年 1 月 13 日，国家发改委宣布，北京、天津、上海、重庆、广东、湖北、深圳获准开展碳排放权交易试点工作。作为国务院《“十二五”控制温室气体排放工作方案》的落实之举，此次试点旨在构建碳排放权交易平台，推动形成统一的碳排放权交易市场，以实现 2015 年单位 GDP 碳排放比 2010 年下降 17% 的目标。

1. 中国碳排放权交易从被动参与转向主动布局

碳排放权交易，是指由环境部门根据环境容量，制定逐年下降的碳排放总量控制目标，并将这一目标分解为若干碳排放配额，分配给各区域，

配额可在市场上进行买卖、调剂余缺。相比于行政减排手段，该机制通过市场手段灵活配置碳排放额度，有利于调动企业积极性，促进主动、持续减排。[①] 1997 年，《京都议定书》首提“碳排放权交易”概念，并提出排放贸易、联合履行、清洁发展三种交易机制。[②] 作为碳排放大国，中国起初通过清洁发展机制参与碳排放权国际交易，但囿于缺乏碳排放权集中交易平台，不具备价格发言权，只能向发达国家低价出售碳排放权。[③]

自 2008 年以来，各地方政府主动推进国内碳排放权交易平台建设，在北京、上海、天津、深圳四地成立碳排放权交易所。2011 年 10 月，国家发改委拟定七省市开展碳排放权交易试点，在布局上以经济较为发达、初具排放权交易经验的北上广等地为主，兼顾中、西部地区。同年 12 月，国务院印发《“十二五”控制温室气体排放工作方案》，要求各地结合实际建立合适的交易机制，并提出加强全国性碳排放权交易支撑体系建设，为最终形成全国性的碳排放权交易市场探路。

2. 交易试点以制度创新与体系搭建为核心

开展交易试点是建立碳排放权交易市场的第一步。而试点的主要内容在

---

① 冷罗生．构建中国碳排放权交易机制的法律政策思考［J］．中国地质大学学报，2010(2).

② 《京都议定书》中规定了三种“碳排放权”全球贸易机制：其一，排放贸易机制（ET）。一个发达国家将自己超额完成的减排义务指标以贸易的方式转让给另一个未能完成减排义务指标的发达国家，出让方自然要从其排放额度中扣除卖出去的额度。其二，联合履行机制（JI）。一个发达国家向另一个发达国家以技术和资金投入的方式实现减排的项目，由此实现的减排额度可以转让给投入技术和资金的缔约方。其三，清洁发展机制（CDM）。发达国家向发展中国家进行资金和技术投资实现减排目标的项目，由此产生的减排任务算作发达国家的减排额度。这一个机制被看作是发达国家与发展中国家之间“双赢机制”，发展中国家无偿获得了资金和技术投资，而发达国家以低廉的成本实现了法律要求的减排额度。详见强世功．“碳政治”与中国的战略抉择——强世功教授在北京大学的演讲（节选）［N］．解放日报，2009-12-27.

③ 骆华．国际碳排放权交易机制比较研究与启示［J］．经济体制改革，2012(2).

于确定合理的碳排放总量及配额制度，制定相应的管理办法，搭建适合交易运行的平台体系。此前由于各地竞相成立环境交易所、碳排放权交易所，而国家层面的碳排放权交易规则尚未建立，碳排放权交易存在标准不统一、交易量低以及买家严重缺乏等问题。[①] 为此，国家发改委要求试点地区加快编制本地碳排放权交易试点实施方案，并明确了六项探索重点：一是研究制定碳排放权交易试点管理办法；二是明确试点基本规则；三是测算并确定本地区温室气体排放总量控制目标；四是研究制定温室气体排放指标分配方案；五是建立本地区碳排放权交易监管体系和登记注册系统；六是培育和建设交易平台。

3. 未来应克服地方保护主义、加快国家层面统一创制

长期以来，碳排放权交易市场一直由欧洲主导。在此格局下，中国一方面要尽量在国际碳排放权市场上赢得话语权，另一方面也要在自主减排上做出表率，并扩大自身利益。[②] 因此，中国成立国内交易平台，不仅有助于推动转变经济发展方式、促进国内环保技术及新能源产业发展，也标志着中国开始主动参与国际“碳政治”，力图扭转过去处于碳交易链底端的被动局面。面向未来，增强地方特色与试点之间的制度联系，防止交易市场碎片化以及地方保护主义倾向，从而保证试点市场与全国性市场的承接性，是试点过程中必须解决的难题。此外，随着试点的逐步推开，也要尽快将试点经验转化成国家层面的法律制度成果，以确保碳排放权交易的有序发展，并为中国参与国际规则制定提供制度支撑。

（文/戴明明）

① 李阳丹．碳排放交易权争夺战打响各地盲目建设存隐患［N］．中国民航报，2011-03-02.

② 和静钧．碳政治时代到来［N］．中国经营报，2009-12-28.

现代农业五年发展规划出台

2012年1月13日，《国务院关于印发全国现代农业发展规划（2011—2015年）的通知》（以下简称《规划》）发布。继2007年《中共中央 国务院关于积极发展现代农业扎实推进社会主义新农村建设的若干意见》首次明确发展现代农业、2008年党的十七届三中全会正式提出“农业现代化战略”之后，此次现代农业五年发展规划再度凸显国家对农业现代化的高度重视。《规划》明确了发展现代农业的总体安排和重点举措，意味着国内现代农业将迎来提速发展的关键时期。

1. 发展现代农业是实现国家现代化的基础环节

长期以来，以小农经济为核心的传统农业构成了中国农业文明的基本形态。随着中国的现代化转型，传统农业日益成为制约国家现代化建设的突出因素。因此，实现农业现代化是实现国家整体现代化的基础，而发展现代农业则是基础的基础。一方面，中国已具备发展现代农业的基本条件。首先是农业经济不断壮大，2011年国内粮食生产获得“八连增”，农民收入稳步增长，新农村建设遍地开花，为发展现代农业奠定了坚实基础。其次，工业化和城镇化拉动效应增强，已初具“工业反哺农业，城市支持农村”的能力。此外，国家已构建强农、惠农、富农的政策体系，为农业现代化提供了有力保障。另一方面，中国的农业基础还很薄弱，需要升级换代。总的来看，农业发展与社会需求、农业现代化与工业化和城镇化不匹配的矛盾依然突出。与发达国家相比，国内农业科技贡献率低、农业生产人畜力比重高、资源消耗大的局面尚未根本改变，足见农业现代化仍然是国家现代化建设的短板。

2. 科技创新、绿色安全的农业发展新方式

转变农业发展方式是《规划》的主线。立足于此，《规划》要求提高农业综合生产能力、抗风险能力和市场竞争力，促进农业生产经营专业化、标准化、规模化、集约化，并强化政策、科技、设施装备、人才和体制支撑。其重点有三：第一，用现代科学技术改造农业。《规划》要求农业科技发展须融入农业产业链全过程，要以基础性、前沿性、公益性科技研究为重点，建立产学研、农科教紧密结合的协同创新机制。同时，提升农业技术推广能力，加强教科培训，培养农业科技人才，提高农民科学文化素养。第二，用市场经营方式搞活农业。《规划》强调按照市场化原则，建立完善的现代农业产业体系，通过大力发展农产品加工和流通业，提高农业产业化和规模化经营水平。同时发展多种形式的适度规模经营，发挥农民专业合作社组织带动作用，提高农业社会化服务能力。第三，用绿色安全理念引领农业。《规划》重申实行最严格的耕地保护制度，要求开展农业生态环境治理，积极发展资源节约型和环境友好型农业，并加快健全农业标准体系，强化农产品质量安全监管。

3. 现代农业发展面临人、地、财多重挑战

着眼未来，推动《规划》落地，仍有三大问题亟待解决：第一，如何应对农村空心化。随着工业化和城镇化发展，大量农村青壮年劳动力流入城市，“空巢老人”和“留守儿童”已经成为农村的主力军。发展现代农业的核心要素是“人”，即具备一定科学文化素养的农民，如何吸引人才回到农村将是极大的考验。第二，如何协调土地承包权和经营权的关系。《规划》强调要坚持农村基本经营制度，同时鼓励发展适度规模经营。但当时土地流转的经营权期限较短，这将对适度规模经营下的土地保护与改良、物质与资本投入产

生不利影响。第三，如何发挥金融对农业的扶持作用。从根本上来说，农业的收益率相对较低，而现代农业在一定程度上也是资本密集型产业。农村普遍存在融资难、融资贵的情况，如何鼓励金融业积极参与现代农业发展也是需要思考的问题。

（文/朱彩云）

2月　户籍改革助力城镇化进程

中共中央加强党外代表人士队伍建设

政府将立足三维度推动文化事业发展

国务院出台《质量发展纲要（2011—2020年）》

国办推户籍新政，促城镇化提速

公务员回避制度渐趋成熟

中共中央加强党外代表人士队伍建设

2012 年 2 月 23 日，中共中央印发了《关于加强新形势下党外代表人士队伍建设的意见》（以下简称《意见》），并于 2 月 24 日举行了全国学习贯彻《意见》的电视电话会议，对进一步加强新形势下党外代表人士队伍建设做出全面部署，提出明确要求。《意见》是中华人民共和国成立以来第一次以中共中央名义制定的关于党外代表人士队伍建设的专门文件，也是指导新形势下统一战线事业发展的纲领性文件，在统一战线发展史上具有里程碑意义。

1. 凝聚新时期政治共识，巩固爱国统一战线

《意见》明确界定，党外代表人士指与中国共产党团结合作、做出较大贡献、有一定社会影响的非中共人士，包括民主党派代表人士、无党派代表人士、少数民族代表人士、宗教界代表人士、非公有制经济代表人士、港澳台海外代表人士等。可见，《意见》规定的党外代表人士都处于改革发展和国家战略的关键领域，并具有较强的影响力和社会活动能力。中共中央总书记胡锦涛在 2012 年 1 月举行的党外人士迎春座谈会上，就曾对党外人士

提出了进一步增进政治共识，进一步提高履职水平，进一步搞好政治交接的三点希望。[①] 由此，《意见》要求深刻认识加强新形势下党外代表人士队伍建设的重要性和紧迫性，将政治坚定作为党外代表人士的基本标准，以及加强党外代表人士队伍建设的根本要求。贾庆林也在全国学习贯彻《意见》电视电话会议中指出，为进一步巩固壮大统一战线、推动党和国家事业发展，要不断增强党外代表人士“走中国特色社会主义道路”的政治共识。[②]

2. 发现储备人才，加强选拔任用力度

第一，要有组织、有计划地广泛物色发现党外代表人士，并把综合评价作为党外代表人士推荐任用的必经环节。第二，要全面加强党外代表人士的教育培养，强化理论培训，加大实践锻炼力度。《意见》尤其强调，要注重对党外代表人士进行思想政治教育，充分发挥社会主义学院主阵地作用。第三，《意见》要求加大党外代表人士的选拔任用力度。贾庆林强调要积极发现党外优秀人才，要有针对性地在人大、政府及政府工作部门、政协、法院和检察院、高等学校、国有企业、科研院所、人民团体等做好推荐使用工作，适当增加安排职数、扩大安排部门、推动正职安排，不断健全党外干部选拔任用工作机制。贾庆林还指出，要注重管理和监督，建立健全党外代表人士的管理监督制度，把党派监督、法律监督和群众监督结合起来，探索运用民主评议、述职述廉、定期考核、诫勉谈话等多种形式，全面了解党外代表人士的政治表现、思想状况、履行职责和廉洁自律情况。[③]

---

① 新华社．中共中央举行党外人士迎春座谈会［N］．新华日报，2012-01-19.

② 刘维涛．全国学习贯彻《中共中央关于加强新形势下党外代表人士队伍建设的意见》电视电话会议在京举行，贾庆林出席并讲话［N］．人民日报，2012-02-25.

③ 资料来源同上。

3. 为全面建设小康社会提供人才支持

在2011年11月举办的“机关统战工作规律研讨会”上，中央国家机关工委统战（群工）部部长谈宜彦指出，机关党外代表人士队伍后继乏人，普遍面临青黄不接的问题；另外，机关党外代表人士在政治上的成长存在相对滞后等问题，在职务晋升、轮岗交流、挂职锻炼等方面机会少，与本机关党的决策层的沟通少，参加机关事务和民主管理的机会少。因此，此次《意见》要求着眼努力建设一支数量充足、结构合理、素质优良、作用突出的党外代表人士队伍，为全面建设小康社会提供人才支持。

4. 为新时期的统一战线工作打开局面

统一战线历来服务于中国共产党的中心工作，统一战线需要把握和正确处理政治领域和社会领域中涉及党和国家工作全局的一些重大关系，即政党关系、宗教关系、民族关系、阶层关系、海内外同胞关系。现如今，“五大关系”中积累下不少的亟待破解的问题。在经济领域，非公有制经济的发展面临诸多困难，“国进民退”问题一直争议不断；在宗教领域，国内外敌对势力借宗教问题干涉中国内政，扩大社会矛盾，这要求统一战线进一步发挥化解深层矛盾的政治功能；在海内外同胞关系问题上，2012年1月台湾地区举行领导人选举，香港特首选举也拉开帷幕，即将召开的党的十八大完成第四、五代领导人交接后，八大民主党派中央根据惯例也将于年内集中换届，这就要求统一战线把握时机，尽快打开新的工作局面。大力强调加强党外代表人士队伍建设，无疑是在为今后的统战工作及国家战略做出重要部署，旨在通过各项举措进一步建设最广泛的爱国统一战线，凝聚新时期的政治共识，预防和化解影响团结稳定的消极因素。正如贾庆林所言，培养选拔党外代表人士不是权宜之计，而是必须长期坚持的重要方针；不是一般工作，而是关系党和国家事业发展的战略任务。①

（文/叶蕤）

政府将立足三维度推动文化事业发展

2012 年 2 月 15 日，《国家“十二五”时期文化改革发展规划纲要》（以下简称《纲要》）正式发布。《纲要》是对 2011 年 10 月党的十七届六中全会通过的《中共中央关于深化文化体制改革、推动社会主义文化大发展大繁荣若干重大问题的决定》（以下简称《决定》）战略目标的具体化。围绕建设社会主义文化强国的目标，《纲要》明确了“十二五”时期国家文化改革发展的指导思想、方针原则以及具体的目标任务和重大举措，对未来五年文化改革发展做了全面部署。

1. 突出中国主体意识，强调社会主义底色

《纲要》部署深入实施马克思主义理论研究和建设工程，要求巩固和发展马克思主义理论学科，并在此基础上实施中国特色社会主义理论体系普及计划；同时决定加大对文科研究的投入，着力推动具有中国特色、中国风格、中国气派的哲学社会科学建设。

社会主义核心价值体系建设是引领文化发展的根本方式。对此，《纲要》一方面提出要大力弘扬以爱国主义为核心的民族精神和以改革创新为核心的时代精神的宏大叙事，另一方面提出积极发展红色旅游、创建文明城市、建

① 刘维涛．全国学习贯彻《中共中央关于加强新形势下党外代表人士队伍建设的意见》电视电话会议在京举行，贾庆林出席并讲话［N］．人民日报，2012-02-25.

立征信系统、开展学雷锋活动等具体事务，这是对《决定》中有关把社会主义核心价值体系融入国民教育、精神文明建设和党的建设全过程之提法的充分回应。

2. 构建公共文化服务体系，为文化活动提供财政保障

基本文化服务具有公共产品的属性。《纲要》明确了政府的责任，按照公益性、基本性、均等性、便利性的要求，在城市加快构建公共文化服务体系，包括加强文化馆、博物馆、图书馆、美术馆、科技馆、纪念馆、工人文化宫、青少年宫等公共文化服务设施，制定公共文化服务指标体系和绩效考核办法，在农村和中西部地区重点建设县级文化馆、图书馆和农家书屋等文化设施，并鼓励城市对农村进行文化帮扶，以缩小城乡差距。《纲要》还对丰富城市农民工文化生活、边疆地区及民族地区公共文化建设、文化遗产保护等诸多事项进行了安排。值得注意的是，《纲要》明确规定把主要公共文化产品和服务项目、公益性文化活动纳入公共财政经常性支出预算。

3. 确立文化市场体系，增加文化产业产值

文化产业是文化发展的重要维度，是市场力量参与文化建设的主要方式，更是新的经济增长点。《纲要》明确提出了建立现代文化产业体系和文化市场体系的政策目标，要求文化产业增加值占国民经济比重显著提升，以及文化产业推动经济发展方式转变的作用明显增强。

按《纲要》规划，今后几年文化产业要实现自身的跨越式发展以丰富市场上的文化产品供给，还要逐步成长为国民经济支柱性产业。在《纲要》当中，此目标的实现方式主要有三个：第一，构建现代文化产业体系，包括发展壮大出版发行、影视制作、动漫游戏等新老文化产业，开辟产业园区等；第二，培育国内文化市场，重点扶持实力较强、影响力较大的文化企业等市场主体进

行分工协作和兼并重组，推动上海文化产权交易所、深圳文化产权交易所等文化要素市场建设，并且鼓励文化消费；第三，鼓励文化企业开辟海外市场，推动文化产品和服务的出口，扩大文化企业对外投资和跨国经营，逐步改变主要文化产品进出口严重逆差的局面，并扶持重点文化企业的海外发展。

4. 保证文化的社会主义方向，保证党的文化领导权

自2002年“文化体制改革”大幕开启以来，中国共产党对文化建设的思路在十年间已逐渐清晰。要在国际文化竞争和国内思潮复杂的环境下保证中国文化的社会主义方向和主体性，保证党牢牢把握文化建设的领导权，需要突出文化事业的政治性；要保证人民文化权益的公平实现，需要强调文化事业的公共性；要使文化产品供应充足、文化充分发挥其经济价值，需要引入市场机制。《纲要》展现了中国共产党对文化建设的基本看法。

（文/李柯）

国务院出台《质量发展纲要（2011—2020年）》

2012年2月6日，为提高我国质量总体水准，促进经济发展方式转变，国务院出台《质量发展纲要（2011—2020年）》（以下简称《纲要》）。作为质量强国的纲领性文件，《纲要》肯定以往工作的成绩，指出当下存在的问题，明确今后10年的工作目标，为全国质量工作确立了“抓质量、保安全、促发展、强质检”的工作思路。自国务院颁布实施《质量振兴纲要（1996—2010年）》以来，全民质量意识、主要产业整体素质和企业质量管制水准、产品质量、工程质量、服务质量等都有显著提升。然而，当时我国质量发展的基础仍然薄弱，质量安全形势仍然严峻，质量问题已成为我国经济社会健

康发展的制约因素。

1. 强化企业主体作用，实施国家质量提升工程

作为社会产品、服务和工程的供应者，企业在质量意识、质量工作方面的主体作用显著。《纲要》首次明确企业质量主体地位，要求严格界定企业质量主体责任、提高企业质量管制水准、加快企业质量技术创新、发挥优势企业的引领作用以及推动企业履行社会责任。作为经济社会的管理者，国家具有宏观规划与引导的重要职能。《纲要》提出国家将建立质量素质提升工程、可靠性工程、服务质量满意度提升工程、质量对比提升工程以及清洁生产促进工程。对企业的引导规制以及国家层面的规划促进，都表明国家“抓质量”的决心与多重手段。

2. 加强质量监督管理，强调组织实施能力

质量监督管理是检验质量工作、保障质量水准的重要环节。《纲要》指出，应当加快质量法治建设、强化质量安全监管、实施质量安全风险管理、加强宏观质量统计分析、推进质量诚信体系建设、依法严厉打击质量违法行为。为贯彻实施以上工作目标与要求，《纲要》强调必须提高政府部门的组织实施能力，包括加强组织领导、完善配套政策、狠抓工作落实、强化检查考核等多项具体内容。质量监督管理能力与政府组织实施能力的提升将成为新时期质量工作顺利进行的重要保障。

3. 重视质量发展机制、环境与标准化基础建设

为落实质量强国的发展战略，不仅要求强化企业主体和政府监管作用，更需要有完善的机制、成熟的环境与坚实的标准化基础。在创新质量发展机制方面，《纲要》要求完善质量工作体制机制、健全质量评价考核机制、强化

质量准入退出机制、创新质量发展激励机制、创建品牌培育激励机制。在优化质量发展环境方面，《纲要》提出加强质量文化建设、营造良好市场环境、完善质量投诉和消费维权机制。在夯实质量发展基础方面，《纲要》要求加强标准化工作、强化计量基础支撑作用、推动完善认证认可体系。

4. 奠定政策基调，勾勒治理蓝图

本次《纲要》的出台调门较高，标志着我国政府对于质量问题的认识与治理进入新的阶段。在当时形势下，现代社会的质量问题已不再局限于传统的技术和管理层面。在国际上，质量问题是我国突破贸易保护壁垒的障碍，因而具有国际政治属性；在国内，质量安全事故折射出部分社会群体和个人的诚信缺失，这对国家建设和人民生命财产造成了巨大破坏。因此，对质量问题的处理已成为中国能否直面国际国内复杂议题和实现富国强民战略的关键因素。在深化改革开放、加快转变经济发展方式的攻坚时期，《纲要》系统全面地提出治理质量问题的指导思想、工作方针、发展目标以及政策措施，为攻克质量问题奠定了政策基调，勾勒出了治理蓝图。

（文/林熙翔）

国办推户籍新政，促城镇化提速

2012 年 2 月 23 日，国务院办公厅发布《关于积极稳妥推进户籍管理制度改革的通知》（以下简称《通知》），着手改善农民工在城镇化过程中的处境。当时，大陆城镇化进入加速发展阶段。尽快让两亿多进城农民工中的符合条件者落户成为市民，不仅是立足当前的形势需要，更是着眼长远的发展大计。《通知》的发布预示着城镇化进程的大提速。

1. 确立户口迁移分类对待原则，建立制度性保障

《通知》规定，县级城市放开户籍登记，地级市对有合法稳定职业满三年并有合法稳定住所（含租赁），同时按照国家规定参加社会保险达到一定年限的人员及其配偶、未婚子女、父母，放开户籍登记。但是对于直辖市、副省级市和其他大城市，《通知》表示要继续控制其人口规模，暂不放开户籍登记。这表明，户籍新政对户籍迁移实行分类原则，对县级市、地级市和直辖市等进行区别对待，构建了区分明确且具体的落户制度。其中最大的亮点在于大大降低了地级市落户的条件，方便了外来人员落户。这既是对深化户籍制度改革的积极回应，也是对城市化发展弊端的一种纠偏。此时城镇化发展政策的重点在于集中发展大城市，这种理念不仅导致了区域经济发展的不平衡，也在大城市中产生了庞大的无法享有福利保障的外来务工群体，使得国内大城市人口规模日益庞大，社会资源紧张和社会矛盾日益突出。通过对中小城市户籍登记的放开，不仅有助于减轻大城市人口和就业等各方面的压力，还可以引导劳动力流向中小城市，这样有助于解决经济发展不均衡问题。

2. 初步剥离户口福利，保障进城农民利益

户籍新政为农民进城落户建立制度性保障，预示着城镇化进程将进一步加快。在以往的城镇化进程中，庞大的外来务工人员群体与城市的融合问题已经凸显，而解决该问题就涉及对城市中诸多方面的资源进行重新分配，否则城镇化的成果就不可能稳固。对此，《通知》明确提出在教育、就业和培训等方面实施与户口脱钩的试点。根据这个规定，地方政府在提供促进就业、技能培训等公共服务时，对本地户籍居民和外来人员一视同仁；在义务教育资源配置上，要对本地户籍适龄儿童和外来人员子女一视同仁。在有关就业、义务教育、技能培训等领域实现平等的基础上，本地户籍居民和外来人员在

保障性住房、社会保险、交通事故赔偿等更多领域也逐步实现平等。

3. 依法保障农民土地权益，防止变相占用农地

近年来，一些地方不顾经济社会实际情况和城市综合承载能力，片面追求城镇化，擅自违反国家土地和三农政策，造成了农民“被上楼”现象，农民土地权益在这个过程中被大量侵夺。针对这些情况，《通知》强调，农民工落户城镇，是否放弃宅基地和承包的耕地、林地、草地，必须完全尊重农民本人的意愿，不得强制或变相强制收回。该规定防止了基于户籍改革的新一轮城镇化过程中地方政府大肆征用土地，借以追求政绩、牟取私利的活动。

4. 吸收总结经验，政府有意调控

此次户籍新政推出之前，很多地方都进行了户籍改革试验，例如成都市的“统一城乡户籍”、河南省的“按居住地登记户籍”、广东的“积分入户”等。《通知》是在吸收各地经验的基础上在全国层面的统一性规定。可以预测，此次户籍新政将初步破除以城乡分割和地域封锁为特征的户籍制度，极大地促进人才的自由流通和方便进城农民工就近落户，城市发展也将由此得到推动。此外，此次户改并未将直辖市、副省级市和其他大城市纳入而仅放开地级市户籍的做法，实际上也体现了政府对城镇化建设方向的有意调控。

（文/于翔）

公务员回避制度渐趋成熟

2012 年 2 月 22 日，国家公务员局正式公开宣布，中组部、人力资源和社会保障部为进一步规范公务员回避制度，于 2011 年 12 月印发了《公务员回

避规定（试行）》（以下简称《规定》）。1993 年，国务院发布的《国家公务员暂行条例》（以下简称《条例》）首次规定公务员在担任职务、执行公务时回避自己的亲属，县级以下行政领导回避在原籍任职。1996 年《国家公务员任职回避和公务回避暂行办法》（以下简称《暂行办法》）制定了回避程序。2006 年施行的《公务员法》将回避制度上升到法律层面。此次《规定》和上述其他文件相比，在以下方面有所加强：

1. 明确三种回避类型，回避制度基本成形

《规定》首次明确公务员回避包括任职回避、地域回避和公务回避。这样一来，回避制度已经基本涵盖可能影响公务员公正执行公务和廉洁从政的主要情形。任职回避是指在机关担任领导职务的公务员，其近亲属不得从事组织、人事等工作或与其有直接上下级关系，亦不可双方共同直接隶属于同一领导。地域回避是指公务员避免在成长地担任党政、纪检、人事等部门正职领导。公务回避是指公务员在执行考试录用等公务活动时，如涉及本人及亲属的利害关系等情况，也应当回避。

2. 完善回避程序，充分尊重当事人知情权

根据《规定》，任职回避由本人提出回避申请或者所在机关提出回避建议，任免机关的组织人事部门进行审核，并提出回避意见报任免机关，由任免机关做出决定。公务回避则由本人或者利害关系人提出回避申请，或者主管领导提出回避要求，由所在机关进行审查并做出是否回避的决定，特殊情况下所在机关可以直接做出回避决定。此次《规定》进一步完善回避程序，要求任职回避中任免机关组织人事部门的回避意见在报任免机关决定前，应当听取公务员本人及相关人员的意见。公务回避中有关部门做出是否进行回避的决定也应告知申请回避的公务员或利害关系人。《规定》还要求公务员地

域回避按照任职回避程序办理。

（三）扩大地域回避的适用职务范围，加大执行力度，强化制度效果

此次《规定》在《公务员法》规定县级以下主要领导实行地域回避的基础上，借鉴中组部2006年出台的《党政领导干部任职回避暂行规定》的有关内容，进一步要求公务员不得在本人成长地担任“市（地、盟）党委、政府以及纪检机关、组织部门、人民法院、人民检察院、公安部门正职领导成员”。为保证回避制度落到实处，《规定》沿袭《暂行办法》中对违反规定者予以批评教育或处分的条款，增加了对无正当理由拒不服从回避决定的公务员予以免职处理的规定，并且强化了有关机关特别是公务员主管部门及其工作人员的责任，确保回避制度的实施效果。

4. 增强任免透明度，引入竞争机制

作为《公务员法》配套法规的一部分，《规定》的出台进一步完善了公务员回避制度，反映出我国公务员管理机制日益健全。但是，未来还应该加强社会监督，增加干部任免的透明度，适当提高《规定》的法律位阶，使之上升为行政法规或法律，这样才能真正地将公务员回避制度落到实处。当然，仅靠回避制度本身，并不能从根本上解决该制度设计所指向的裙带关系、营私舞弊等问题，引进公开竞争机制、推进公务员分类管理、深化改革人事制度才是治本之道。

（文/史志强）

3月　非公有制企业党建提速

在全社会推进学雷锋活动常态化

中共中央着力加强非公企业党建

医改进入攻坚阶段

国家密集关注水务事业发展

全国民政工作会议力推社会管理服务创新

我国出台海岛管理新举措

国务院明确经济体改年度重点

中央加强廉政建设防“人亡政息”

在全社会推进学雷锋活动常态化

2012 年 2 月 27 日，中宣部举行学习践行雷锋精神新闻发布会，为学雷锋活动进行社会动员。2 月 28 日至 29 日，中宣部举行第九届中国公民道德论坛，中宣部强调，要借助学雷锋活动把公民道德建设引向深入，推进社会主义核心价值体系建设。3 月 1 日，中宣部、中央文明办在北京召开视频会议，研究部署了弘扬雷锋精神的各项工作。3 月 2 日，中共中央办公厅印发了《关于深入开展学雷锋活动的意见》（以下简称《意见》），传达了中央关于学雷锋活动的精神，在全国范围内对深入开展学雷锋活动做出了总体部署。2012 年的纪念活动规模和影响力远超往年，且首次提出了在全社会推进学雷锋活动常态化的要求。此举是近年来中国在建设社会主义核心价值体系、提升公民道德方面的重大举措，引发了各界的广泛参与和关注。

1. 首次提出将学雷锋活动“常态化”

1963 年以来，全国曾多次掀起“学雷锋活动”高潮，但将其“常态化”的要求还是首次提出。根据中宣部的指示，“常态化”意味着使学雷锋活动成为一项经常性工作，把学雷锋活动融入群众的日常生活中，使之落到实处，将其内化为群众所遵循和追求的精神品质。这要求有关部门各负其责、社会团体积极配合，并将学雷锋活动纳入创建文明城市、文明村镇、文明单位的测评体系。中共中央办公厅印发的《意见》中也提出了学雷锋活动的多个常态化专案，包括将雷锋精神作为校园文化建设的重要内容、推动社会志愿服务体系建设、加强对雷锋精神的理论研究、把雷锋精神转化为企业精神和企业文化、加强对学雷锋活动的新闻宣传、运用歌曲和影视剧文艺形式传扬雷锋精神等。

2. 各部委和地方政府积极出台措施回应中央号召

教育部要求各地教育部门和各级各类学校将学雷锋活动纳入学生综合素质评价体系及思想政治教育工作品质评价体系。公安部要求公安系统践行“人民公安为人民”的承诺，永葆人民警察本色。铁道部决定开展“雷锋号”工作品牌创建活动，精心打造一批“雷锋号”列车。就地方政府而言，全国各地区都开展了学雷锋系列活动，着重将学雷锋活动与扶助弱势群体、整治城乡环境、维护公共秩序、完善政府服务等地方建设内容相结合。例如，江西省决定每两年组织开展一次“万名群众评机关”活动，集中整治干部作风问题；广西壮族自治区围绕“扶贫济困，助残扶弱”开展学雷锋志愿服务活动，组织志愿者为孤寡老人、贫困老人和残疾人等提供生活救助和照料服务。

3. 弘扬“雷锋精神”有助于推进道德建设，提升公民品德

党中央此前一直强调从法律和制度层面解决经济改革和对外开放所带来的问题，并未将道德建设作为着力重点。近年来，道德滑坡成为困扰国家社会治理的重大问题。中共中央曾于2001年颁布了《公民道德建设实施纲要》，然而自党的十六届六中全会首次提出社会主义核心价值体系以来，中国还未

在全社会范围内直接发起过公民道德建设的运动。除了总体上不够重视以外，政府此前也长期缺乏推进道德建设的有效手段。“社会主义核心价值体系”因为过于抽象而不易使普罗大众产生亲近感；近年来，在各省市流行的“城市精神”由于内容庞杂空洞而难以在民间得到回应。

相比之下，“雷锋精神”是高度符号化的道德体系，且已为群众所熟悉，以此为载体进行的道德建设运动容易深入社会并能够激起公众朴素的道德情感；同时，“雷锋精神”内涵丰富且不乏超越时代和意识形态的道德内容，为政府和社会提供了广阔的重塑空间，能够不断契合社会发展不同阶段的问题和要求。可以说，此次借助雷锋精神和学雷锋活动大举开展的社会主义核心价值体系建设活动，既是对重塑中国道德体系的回应，也是对前一阶段思想道德建设工作过于倚重制度而忽视人心的反思，它表明政府开始直面改革开放以来产生的道德难题，且对如何利用原有的道德资源以及对如何将提升全民道德水准与当时的政经情势相结合展开了积极探索。良善和谐生活的达成是全体人民的愿景，而美德是它的基础，唯愿这次推进学雷锋活动常态化能收其实效，以回应时代的要求和人民的期待。

（文/叶蕤）

中共中央着力加强非公企业党建

2012 年 3 月 8 日，中共中央办公厅印发《关于加强和改进非公有制企业党的建设工作的意见（试行）》（以下简称《意见》）；3 月 21 日，全国非公有制企业党建工作会议在北京召开。此次《意见》的出台，表明中共中央对新时期非公有制企业（简称“非公企业”）党建工作的重视上升到新高度，凸显其全方位加强党的领导的政治决心。

1. 非公企业党建面临基础薄、家族化、特殊化等问题

2002 年，党的十六大首次将非公有制企业党组织的职责任务写入党章①，从而开启了非公有制企业党建工作有序发展的新阶段。十年来，中共中央在这一领域取得了丰富经验，但也遇到不少问题。随着非公有制经济的快速发展，一些问题变得愈加复杂，对今后的工作构成了挑战。首先，非公有制企业的党建工作基础薄弱。基层党组织在非公有制企业中的覆盖比例低，且定位不明确，有些党组织甚至沦为企业的“政治花瓶”。其次，非公有制企业的党组织构成复杂、管理难度大。规模越小的非公企业，“家族经营”越常见，再加上人员流动性高，使得基层党组织容易“家族化”。再次，非公有制企业类型多样，党建工作充满特殊性。无论是民营企业还是“三资”企业，各有自身特点，难以形成统一的党建模式。

2. 强化非公企业党建重在“两个覆盖”和“两个作用”

《意见》全面梳理非公有制企业党建工作的现状，针对现存问题提出多方面措施，其核心在于两方面：第一，确保“两个覆盖”，填补非公有制企业党建的真空地带。非公有制企业长期处于无党组织的运行环境中，不少企业对于建立基层党组织缺乏热情，有些企业因规模较小，甚至不具备建立党组织的条件。然而，非公企业的职工数量在中国工人群体中已占多数，如果不能做好非公企业党建工作，将会削弱中国共产党的群众基础。正因如此，《意见》提出要抓好“党组织的覆盖”和“党的工作的覆盖”，最大限度地扩大党建覆盖面，强化非公企业党建工作基础。第二，发挥共产党基层党组织的

---

① 丁俊萍、甘久翔．改革开放以来我国非公有制经济组织党建工作的历史考察及其经验总结[J]．社会主义研究，2010(1)．

“两个作用”，即职工群众中的政治核心作用，以及企业发展中的政治引领作用。非公有制企业以获得经济效益为目的，党建工作的重心在“政治引领”，而不是对企业生产经营进行干预。因此，《意见》要求基层党组织要通过多种途径加强与职工之间的联系，并积极参与优秀企业文化的培育过程，进而为企业的生产经营提供帮助和支持，促进企业的发展。

3. 澄清认识，为全面推进党建工作奠定基础

人们对非公有制企业党建工作的重要性曾有不同观点。有人认为，非公企业与国企和集体企业不同，作为纯粹的经济组织，不需要基层党组织；有人认为，党建工作重点不应落于非公企业；还有人认为，诸如“三资”企业，不适宜开展党建工作。① 此次《意见》的出台和相关会议的召开，在某种程度上正是对这些观点的集中回应。对于执政党而言，非公有制经济是国民经济的重要组成部分，非公有制企业则是社会组织化的重要组成部分，对其强化政治引领和组织覆盖，势所必然。因此，只有澄清认识，明确其重要性，才能真正加强和改进非公企业的党建工作，从而增强基层党组织活力、扩大执政基础，为全面推进并深化党建工作奠定基础。

（文/鲁昊源）

医改进入攻坚阶段

2012 年 3 月 14 日，国务院印发了《“十二五”期间深化医药卫生体制改革规划暨实施方案》（以下简称《方案》），对未来四年全民医保体系、基本

① 郭泰鸿．非公有制企业党建工作的理论和实践［M］．北京：中央文献出版社，2002 年 10 月．

药物制度、基层卫生机构建设和公立医院改革等多方面工作进行了细致部署。

1. 从市场化导向到强调公益性与政府主导性

中国医疗卫生体制改革曾长期以市场化为导向，原本旨在扩大医疗资源的市场供给，但在实践中产生了“以药养医”的逐利模式，导致出现“看病难、看病贵”现象，诱发了医疗行业的公信力危机。自2009年起，政府开始转而强调医疗卫生服务体系的公益性与政府主导性，经过三年努力，在基本医保覆盖面、基本药物制度、基层医疗卫生服务能力、公共卫生服务均等化以及公立医院改革试点“五项重点”工程方面取得了初步成效。改革正进入攻坚阶段，在巩固已有成就的基础上，坚决推进公立医院改革，确保实现2020年人人享有基本医疗服务的既定目标。

2. 明确政府办医责任，扭转公立医院逐利行为

公立医院是面向城乡居民提供基本医疗卫生服务的重要机构，然而长期以来“以药养医”的市场化运作机制扭曲了它公益设施的根本属性。为改变这种状况，政府在2010年曾选取16个城市进行改革试验，但其内容只关涉资讯化、医院管理、医师培训等技术层面的问题，因此收效不大。相较以往，首先，《方案》为公立医院的公益职能提供财政保障，规定政府要对公立医院的基本建设和设备购置、公共卫生服务、离退休人员费用和政策性亏损补贴等投入负责；其次，《方案》把破除“以药养医”机制作为改革关键环节，计划推进医药分开并逐步关闭公立医院的药品加成收入渠道。改革的目的是遏止药品暴利对医院的驱使和药物滥用。

3. 健全全民医保体系，从扩大范围到提升品质

我国基本医保已覆盖城乡居民逾12亿，然而仍存在“碎片化”的

突出问题，具体表现为统筹层次低、转移接续难、重复参保等，这种情形不利于在更大范围分散医疗风险，极易导致资源浪费。《方案》着眼于提高基本医疗保障水准，提出完善基本医保管理体制，加快建立统筹城乡的基本医保管理体制，探索整合职工医保、城镇居民医保和新型农村合作医疗制度的管理职能和经办资源。另外，《方案》要求提高基本医保管理服务水准，推进基本医保和医疗救助即时结算制度与异地结算机制。

4. 巩固完善基本药物制度，为“医改”攻坚提供坚实基础

为突破“以药养医”的运作机制，2009 年医改重点要求建立基本药物制度，以期有效降低医疗费用，使民众获得基本药物供应，促进临床合理用药。但是由于缺乏具体实施细则，导致招标、流通等领域产生了一定程度的乱象，基本药物“零差率”销售（医院以进价出售药品）的目标并未实现。为此，此次《方案》坚持基本药物以省为单位网上集中采购，落实招采合一、量价挂钩、双信封制、集中支付、全程监控等采购政策，坚持品质优先、价格合理的指导原则。

中国医疗卫生体制改革在早期选择了出售公立医院的“宿迁医改”等市场化道路，但不仅没有解决“看病难、看病贵”的问题，反而由于政府抽身太快、撒手太急而导致区域卫生规划缺失、基层医疗削弱、医疗监管不力等诸多新问题。2009 年医改以“公益性”与“政府主导性”思路为指导思想，旨在扭转市场化带来的公共资源配置困局，令医疗服务能够惠及广大群众。此次《方案》对 2009 年以来的成就做出肯定评价，结合 2009 年医改在地方实践中面临的诸多问题，例如公立医院试点改革因地域与财政存在差异、医疗保障体系品质不高问题等，给出了更为具体的规划与实施方案。可以预见，集中精力攻克“公立医院”改革难题、全面巩固新医改成果的思路将统领下

一阶段的医改工作。

（文/林熙翔）

国家密集关注水务事业发展

2012年1月至3月，国家密集出台了包括《国务院关于实行最严格水资源管理制度的意见》（以下简称《意见》）在内的多项政策，提出要贯彻落实中央水利工作会议和《中共中央 国务院关于加快水利改革发展的决定》（中发〔2011〕1号，以下简称《决定》）的要求，实行最严格水资源管理制度，加快水利改革发展，推进农村饮水安全建设等。

1. 加强资源管理，力保水源丰沛清澈

据统计，此时期我国年平均缺水400亿立方米，2/3的城市不同程度缺水。对此，《决定》要求实行最严格水资源管理制度，确立水资源开发利用控制、用水效率控制和水功能区限制纳污“三条红线”，从制度上推动经济社会发展与水资源、水环境承载能力相适应。为具体落实该规定，国务院于2012年初发布《关于实行最严格水资源管理制度的意见》，明确提出实行最严格水资源管理制度的指导思想、基本原则、目标任务、管理措施和保障措施，且确定了“三条红线”的具体指标以及要实施的“四项制度”。尤为值得注意的是，《意见》把“三条红线”都纳入了政府的绩效考评范围，县级以上地方人民政府主要负责人要对本行政区域水资源管理和保护工作负总责。这意味着，水资源保护成为政绩考核的重要组成部分，中央以此激励地方领导干部推动落实最严格水资源管理制度。

2. 加强水利建设，促进水力高效利用

此时期农田水利工程损毁严重，尤其是在财力有限的中西部地区，众多小型水利设施年久失修；河道、山塘和水库淤积严重，“夏涝蓄水，冬旱供水”的功能退化较快。正是由于水利设施的老化失修，使得不少地方在干旱、洪水面前束手无策，加强水利建设刻不容缓。对此，《决定》提出要推进水利改革，大兴农田水利建设，抓紧解决工程性缺水问题。2012 年 3 月 19 日，财政部、水利部印发了《中央财政补助中西部地区、贫困地区公益性水利工程维修养护经费使用管理暂行办法》，明确规定中央财政对中西部地区、贫困地区公益性水利工程维修养护补助资金从中央水利建设基金水利工程维修养护资金中安排。中央补助资金的补助范围为中西部地区、贫困地区的县级水利部门（或其所属水管单位）管理的国有公益性水利工程，包括承担防洪、排涝、抗旱、灌溉等公益性任务的水库工程、水闸工程、堤防工程、控导工程、泵站工程、淤地坝工程等。

3. 提高资金投入，保证饮水洁净安全

据《中国消费者》2005 年报道，我国农村有 3 亿人左右面临饮水不安全问题，其中约有 6300 多万人饮用高氟水，200 万人饮用高砷水，3800 多万人饮用苦咸水，1.9 亿人饮用水中有害物质含量超标，血吸虫病地区约 1100 多万人饮水不安全。《决定》对此提出到 2013 年解决规划内农村饮水安全问题，“十二五”期间基本解决新增农村饮水不安全人口的饮水问题。为实现该目标，国务院 2012 年 3 月 21 日讨论通过了《全国农村饮水安全工程“十二五”规划》（以下简称《规划》）。根据《规划》，国家将在“十二五”期间投入 1600 亿～1700 亿元资金以全面解决 2.98 亿农村人口和 11.4 万所农村学校的饮水安全问题，使全国农村集中

式供水人口比例提高到 80% 左右。中央财政将占总投入的 2/3，其余由省级政府配套。另外，对比 2010 年，《规划》将集中供水人口目标比例提高了 22 个百分点。

4. 实行最严格水资源管理制度，坚定推进水利改革

水是生命之源、生产之要、生态之基，而在我国，人多水少、水资源时空分布不均是基本国情和水情，水资源短缺、水污染严重、水生态恶化等问题突出，这些问题已成为制约经济社会可持续发展的主要瓶颈。因此可以理解中央为什么提出水务问题“关系到经济安全、生态安全、国家安全”。在 2012 年 1 月到 3 月，平均每一个月都有一系列关于促进水务事业发展的政策出台，这体现出水的问题自提升至国家安全的高度以来，已得到了中央多部门的重视。随着城镇化和工业化的加速推进，未来对水资源的潜在需求仍十分强劲，只有实行最严格水资源管理制度，坚定推进水利改革，着力解决安全饮水问题，才能保障可持续发展的实现。

（文/于翔）

全国民政工作会议力推社会管理服务创新

2012 年 3 月 19 日，国务院在北京召开第十三次全国民政工作会议，明确提出民政部门要深入推进改革、完成创新社会管理服务体制机制的历史任务。民政部门长期担负着管理社会组织、开展优抚赈灾救济、保障国民基本福利等任务，是提供社会管理服务的主要部门。近年来随着社会结构发生深刻变化，民政部门本身的职能、结构和工作方式也亟待转变。此次提出改革的主要内容有：

1. 推进职能转变，探索简政放权

当时政府和单位承担的许多社会管理职能已转由城乡社区和社会组织承接，而作为社会组织和社区建设管理的直接责任者，民政部门将进一步简政放权。此次会议指出，要加快社会组织登记管理体制的改革，简化登记管理的程序，对一些社会组织采取直接登记的形式，同时要以重视实际运作的过程管理取代原有的严格准入管理模式。另外会议还决定，今后中央和省级民政部门的履职方式将集中于调查研究、制定政策、督查指导、绩效评估，各级政府的事务性管理工作、适宜通过市场和社会提供的公共服务，都将逐步以适当的方式交给社会组织、中介机构、社区等基层组织承担。此前北京民政系统已宣布将推动公务人员退出社会慈善组织，可为一例。

2. 扩大社会参与、完善公共服务

除了转变职能、改善内部结构外，此次会议还指出，政府在向社会组织转移职能的过程中将加强引导和鼓励，通过政府购买服务刺激社会组织快速成长，实现行政职能和社会力量在公共事务投入上的有效结合与良性互动。会议指出，2012 年中央财政决定安排 2 亿元专项资金用于购买社会组织服务，而今后各地方政府也要灵活运用公益项目招投标机制购买社会组织服务，鼓励社会力量通过独资、参股、合作、租赁、并购等方式参与社会服务，同时扩大社会组织的税收优惠种类和范围，促进社会组织更好地发挥提供服务的作用，力求形成多元并存、有序竞争、共同发展的社会服务供给格局。

3. 改进工作机制，确保履职效果

基层履职能力的强弱关系到保障民生的政策和社会管理的职能能否落

到实处。随着“基本公共服务均等化”的推进、城乡一体化战略的深入实施以及民政工作形势的改变，2011 年以来各地纷纷出台政策，从编制、财政等方面加强基层民政工作能力建设。此次会议吸取各地创新经验，提出充实基层民政力量的方针，“建立健全把更多人力、物力、财力投向基层的体制机制”，要求完善和落实基层群众自治制度，创新以社区为平台的基层社会管理服务体制，解决制约民政工作发展的体制机制问题。

民政是政府实施社会管理和公共服务的重要工作，涉及社会生活的各个方面，直接面向亿万群众。民政事业改革是行政体制改革的重要信号，标志着政府管理社会的方式将有重大变化。现有社会服务体系反映了社会发展的阶段性特征，未来应着力构建政府管理与社会自治相结合、政府主导与社会参与相结合的社会管理和公共服务体制，最大限度地调动各方面积极性，激发社会活力。

（文/史志强）

我国出台海岛管理新举措

2012 年 3 月 3 日，国家海洋局根据《中华人民共和国海岛保护法》对海域海岛进行了名称标准化处理。3 月 12 日，国家测绘地理信息局、中宣部、外交部、教育部、工信部、公安部、民政部、商务部、海关总署、工商总局、新闻出版总署、国新办、国家保密局等 13 个部门联合发布《国家版图意识宣传教育和地图市场监管 2012 年工作要点》。国家有关部门出台了几项涉及海岛管理的新举措，以宣示主权、强化国民版图意识和规范海岛管理。

1. 公布名称、绘制新图，表达国家主张

经国务院批准，国家海洋局于3月3日会同民政部公布了钓鱼岛及其70个附属岛屿的标准名称、中文拼音和位置描述（其中钓鱼岛被描述为“距温州市约356千米、距福州市约385千米、距基隆市约190千米”），并于3月14日指派两艘千吨级海监船前往钓鱼岛海域展开维权巡航行动。海洋局此举被普遍视为是对日本内阁综合海洋政策本部于3月2日命名钓鱼岛及其附属岛屿之行为的回击，更有学者指出，中国对于钓鱼岛及其附属岛屿向来都有称谓，这次不过是对其进行了标准化处理，而日本自1895年窃据钓鱼岛以来一直沿用中国对该岛及其附属岛屿的叫法，因此所谓命名恰恰证明日本对钓鱼岛列岛的主权主张并无历史正当性。相较于坊间的热议，国家海洋局局长刘赐贵则强调对海岛的标准化命名以及巡航执法的内政属性，坚持将其视作海洋行政机关的法定职责和正常工作。

除却标准化命名和巡航工作外，《国家版图意识宣传教育和地图市场监管2012年工作要点》还指出，将“继续开展有关南海地图研究工作，编制有关南海或南海诸岛地图，并向社会公布，宣示我方主张；视情开展钓鱼岛、赤尾屿等重要区域地图地名有关工作”，“重点检查损害我领土主权和海洋权益的问题地图”。

2. 出台海岛保护规划，鼓励适度开发

根据《联合国海洋法公约》，海岛对确定领海、专属经济区等的归属起着关键作用，而在国际法体系中用以判断争端领土主权归属的有效控制规则的客观要素便是“实施有效的管理行为”，因此若有国民在海岛及其周围海域依法长期生产生活，便是对主权存在的有力证明，所以政府理当推进对海岛的有序利用，这也是发展海洋经济的现实需求。

为了更好地利用海岛资源，同时也为了改变以往开发缺乏规划、随意性大、破坏性大的情形，2010年的《海岛保护法》确定了海岛保护规划这项核心制度，要求以之为基础对岛礁实行“保护优先、合理开发”政策。经过两年多的编制，《全国海岛保护规划》（以下简称《规划》）于2012年2月29日经国务院批准正式颁布实施。《规划》全面分析了我国海岛保护与利用现状、存在问题和面临的形势，提出到2020年实现“海岛生态保护显著加强、海岛开发秩序逐步规范、海岛人居环境明显改善、特殊用途海岛保护力度增强”的目标，明确了海岛分类、分区保护的具体要求，确定了海岛资源和生态调查评估、偏远海岛开发利用等十项重点工程，并在组织领导、法治建设、能力建设、公众参与、工程管理和资金保障等方面提出了具体保障措施。值得注意的是，在用以批复《规划》的文件中，国务院明确要求做好建立海岛监视监测系统、推进修复海岛生态、保护领海基点、开发利用边远海岛几项重点工作。

3. 保护海洋疆域，需要总体海洋战略

我国的海上疆域有约300万平方公里，此中岛屿星罗棋布，仅面积大于500平方米的就有近7000个（不含海南本岛以及港澳台地区的岛屿）。海岛是壮大海洋经济、拓展发展空间的重要依托，更是维护国家海洋权益、保障国防安全的战略前沿，其在国际事务上的关键地位自1994年《联合国海洋法公约》生效以来也愈加突出。我国与大多数海上邻国都存在着岛屿归属争议，除了久拖不决的东海中日钓鱼岛、中韩苏岩礁问题外，近年来与东南亚诸国在西沙群岛、南沙群岛上的主权纷争亦愈演愈烈。此外更不容回避的是，由于长期以来海岛管理的滞后，沿海地区不断发生炸岛炸礁、填海连岛等短视行为。在这种态势下，国家有关部门出台了几项涉及海岛管理的新举措，以宣示主权、强化国民版图意识和规范海

岛管理。

海岛具有重要的法律和战略意义。1958 年发布的《中华人民共和国政府关于领海的声明》和 1996 年发布的《关于中华人民共和国领海基线的声明》明确了海岛在界定我国海洋版图时的核心法理功能，近年来海洋经济的发展和海上资源的争夺更要求国家重视对海岛的管理和开发，政府有关部门的行动正是在此背景下维护海上利益和规范海岛管理的重要举措。然而，海岛事务只有在总体协调的海洋战略之下方能得到妥善处理。中国还没有完整的海洋战略，亦无统一的海洋管辖机构，对海岛乃至海洋事务的安排不可能在多达 22 个分管部门的零敲碎打中达到和谐的程度。作为传统意义上的陆地国家，要做到统筹陆海、兴海强国，无疑是对我们民族政治智慧的考验。

（文/李柯）

国务院明确经济体改年度重点

2012 年 3 月 18 日，国务院批转发改委《关于 2012 年深化经济体制改革重点工作的意见》（以下简称《意见》）。《意见》以转变发展方式与调整经济结构为目标，明确全年经济体制改革的重点领域和关键环节，力求通过改革来解决制约发展的深层矛盾和体制问题。

1. 换届之年改革重在承前启后、稳中求进

近年来，中国经济发展不平衡、不协调、不可持续的矛盾日益突出。同时，随着国际金融危机持续发酵，欧债危机开始深层次演化，世界经济复苏举步维艰。在此背景下，2012 年作为“十二五”规划承上启下之年，以及本

届政府任期的最后一年，具有关键性的过渡意义。因此，处理好改革、发展与稳定的关系，在确保稳定的前提下开展改革，成为政府工作的重点。2011年底的中央经济工作会议提出2012年工作的总基调是稳中求进。“稳”就是要保持经济发展、宏观政策、物价水平、社会局面的稳定。“进”就是要抓住战略机遇期，在转变经济发展、调整经济结构、改善社会民生上取得新成效。2012年3月通过的《2012年国务院政府工作报告》（以下简称《政府工作报告》）提及改革70余次，凸显以改革求发展、以发展谋稳定的基本思路。总的来看，继续深化改革被视为解决当下错综复杂问题的关键，而改革的再出发也已成为各方共识。

2. 经济体制改革着眼于理顺四对关系

《意见》依照《政府工作报告》，提出了体制改革的重要领域与重点工作，涉及经济制度、财税金融、行政体制、社会事业等多个领域，其要点在于理顺四对关系。

第一，政府与市场关系。《意见》提出加快转变政府职能，发挥市场在资源配置中的基础性作用。例如，在经济制度方面，强调推进国有企业和垄断行业改革，研究制定铁路体制改革方案，并引导民间投资健康发展；在行政体制方面，要求深化行政审批制度改革，建立新设行政审批事项审核论证机制；在金融体制方面，以利率市场化、培育中小金融机构、完善多层次资本市场为改革重点；在价格机制方面，要求完善价格形成机制，深化资源性产品价格改革。第二，中央与地方关系。《意见》强调要处理好中央与地方财政分配关系，完善分税制和财政转移支付制度，增加对基层政府转移支付的比例；同时，根据财权事权相匹配原则，在基本公共服务领域合理划分各级政府责任。第三，农村与城市关系。《意见》提出要重点推进征地制度改革，并深化户籍、医疗、社会保障等公共服务体制改革，让基本公共服务惠及农民工。第四，经济发展与社会发展关系。《意见》要求推进社会事业发展，抓紧制定收入分配制度改革总体方案，完善工资制度，同时深化教育、科技、医药卫生等各项社会事业体制改革。

3. 改革再出发须进一步破除体制障碍

中国经济社会中的旧有矛盾根深蒂固，长期发展累积下来的各类问题，在过去尚能被经济的持续高速增长所掩盖；但在当下不容乐观的内外环境下，经济增长明显乏力，各类新问题层出不穷。如何将困难转化为希望，如何协调发展中的稳增长、调结构、转方式、惠民生之间的关系，成为摆在政府面前的难题。过去30多年的改革，推动了中国的高速发展。再次回归改革，重新出发，以深化改革作为解决社会经济矛盾的根本方式，无疑是必要的。但为确保经济持续高速增长，推进各项调整转型，需要政府以更大的决心、付出更多的努力，去破除发展的体制机制障碍，将发展的红利惠及全体人民。

（文/曾诗洋）

中央加强廉政建设防“人亡政息”

2012年3月26日，国务院召开第五次廉政工作会议，对2012年行政机关反腐工作进行专题部署，落实年初召开的中央纪委七次全会精神。此次会议提出需重点加强推进领导干部报告个人事项部分公开等六项工作，同时将腐败问题定性为党的“最大危险”，认为如果解决不好“政权的性质就可能改变，就会‘人亡政息’”。

1. 推进审批、加强公开、严控“三公”消费

在会议上提出的六项工作中，有三点最吸引人们的注意。第一，推进行政审批制度改革。每一个行政审批环节都是权力与资本的接触点，此处极易产生寻租行为。对此会议提出，要深入推进行政审批制度改革，对各部门和地方政府现有的管理职能和审批事项要逐一审核，再取消和调整一批审批事项。反腐败的核心问题是限制公权力，此前中央很少提及，而这次廉政工作会议上关于行政审批制度改革的做法触及了这一点。

第二，推进领导干部报告个人事项部分公开。会议首次提出，“在一定范围内公开领导干部报告的个人有关事项”，这意味着外界或社会公众有可能直接参与对官员财产及其他个人有关事宜的监督，但是“在一定范围内”的表述暗示了中央在此问题上仍持审慎态度。

第三，推行公务卡制度，严控“三公”消费。传统公务消费“现金支付、先开支后报账”的方式不利于管理和监督，导致凑票、虚开发票的现象在财务报销环节普遍出现。对此，此次会议提出要加强行政机关和国有企业事业单位财务管理，扩大公务卡制度实施范围，2012 年底前在各级政府及所属预算单位全面推行公务卡结算制度。这是在历次廉政工作会议中首次针对公务卡的使用提出要求。公务卡的好处在于能有效掌握资金的流向，因而可以在一定程度上遏制“三公”支出。但还要看到，技术和制度从来都是惩治和预防腐败的两翼，如果制度不被严格执行，再先进的技术也都会被架空。规范公务消费，更需制度体系的不断完善。

2. 加强“预防”，夯实制度性基础

从此次会议部署的六方面重点工作看，2012 年政府的反腐倡廉建设主要是从“预防”和“治本”的角度出发，构建以预警机制为核心的反腐败体系，这

有别于过去“遇到什么问题就解决什么问题”的做法，有利于夯实反腐倡廉的制度性基础，可为推进下一步改革做好长期性和基础性的工作。应当指出，无论是通过制度手段来遏制腐败，还是加强民众对政府的监督，都只是硬币的一面。贪腐问题的最终解决要靠对政府角色和权力结构的调整，唯有如此，才可使政府完成从管制到服务的根本转型，腐败才可能被较好地遏制。

（文/于翔）

4月　事业单位迎来全面改革

军队强调“讲政治、顾大局、守纪律”

事业单位改革“顶层设计”面世

中国高铁建设重新启程

四川省全面清理行政权力

中国首次组建国家海洋调查船队

三部委推进“新农合”支付方式改革

社工人才培养及职业发展提上议事日程

军队强调“讲政治、顾大局、守纪律”

2012年3月底至4月初，《解放军报》连续发表评论员文章，强调抵制错误政治观点，反对政治上的自由主义，确保党对军队的绝对领导，确保政令军令畅通，确保部队的高度稳定和集中统一。5月8日，《人民日报》刊发《培养当代革命军人核心价值观：发展先进军事文化的根本任务》一文，明确在新形势下培养军队核心价值观，反对军队中的拜金主义、个人主义，要求坚决抵制“军队非党化”“非政治化”“军队国家化”等观点。①

1. 军方频繁发声或为党的十八大之前的政治局势表态

自2012年初以来，军方通过媒体频繁发声表态。先是中央领导在各种场合不断强调部队要严守政治纪律，坚决与党中央、中央军委保持一致，在任何时候、任何情况下都要听从党的指挥。中央军委也部署全军和武警部队在团以上党委机关开展“讲政治、顾大局、守纪律”的学习教育活动；在各级干部、战士中开展“赞颂科学发展成就，忠实履行历史使命”等活动。

---

① 王建伟．培育当代革命军人核心价值观：发展先进军事文化的根本任务［N］．人民日报，2012-05-08.

虽然“党指挥枪”是中国人民解放军建军以来的最高政治原则，但如此密集地强调“讲政治、顾大局、守纪律”实属罕见。舆论界普遍认为，这种一反常态的高调，是军方针对党的十八大前特殊的政治局势的表态。

2. 稳定局势、加强团结、推进反腐工作

第一，强调“讲政治、顾大局、守纪律”实际上是军队高层在党的十八大前做的政治表态，强调军队在政治上要高度集中统一，听从党的指挥。全军通过主题教育活动，加强对科学发展观的信仰；同时强化政治纪律要求，强调“个人服从组织，下级服从上级，全党服从中央”的组织纪律性，批判“个人利益至上”和“不听招呼、不守纪律、自以为是”等政治上的“自由主义”，要求全军干部增强组织纪律性，在政治斗争中站稳立场。

第二，强调“讲政治、顾大局、守纪律”，稳定政治局势。胡锦涛主席在3月专门强调要“更加注重维护社会大局稳定和保持部队自身安全稳定。”[①]《解放军报》称每逢党的代表大会，国内外敌对势力总会借机兴风作浪，社会上噪音杂音也会明显增多，因此，《解放军报》在4月密集发声，表示要坚定思想立场，稳定军心。这表示党中央内部在政治问题和大局问题上保持团结统一，有助于稳定党的十八大之前的政治局势。

第三，强调“讲政治、顾大局、守纪律”与军队内部反腐倡廉工作的推进相呼应，显示出中共中央治理军队腐败问题的决心。反腐倡廉一直是巩固中国共产党执政地位的关键问题；但当时社会反腐工作形势严峻，军

---

① 正确认识和把握“稳中求进”的工作总基调　确保部队政治坚定思想稳定工作进步安全发展［N］. 人民日报，2012-04-15.

队的反腐工作尤为重要。长期以来，军内腐败案件大多在内部作为“思想问题”和“作风问题”解决，极少对外公布，因而成为反腐工作的难点之一。2012 年初，军委纪委处理了涉嫌巨额腐败的总后勤部原副部长谷俊山，2012 年两会期间，胡锦涛主席更着重提出要加强军队反腐倡廉建设，保持军队党组织和干部队伍的纯洁性。① 4 月中央军委批准成立了全军审计工作领导小组，要求强化党管审计的原则，贯彻落实依法治军、从严治军方针，促进军队反腐倡廉建设。《解放军报》也连续刊文，反对部分党员干部“个人利益至上”的“自由主义”倾向，认为这些干部是所谓“亚忠诚”，以忠诚于党之名行谋取私利之实，损害党的形象，腐蚀党的肌体，是立党兴党之大害。这些前所未有的公开反腐表态，将军队腐败问题提升到了关乎党与军队的关系和党的生死存亡高度，显示了中共中央治理军队腐败问题的决心。

3. 加强思想政治工作，维护党对军队的绝对统一领导

军队的运行较为封闭，社会和舆论对军队内部问题缺乏更多的了解，因此党对军队的领导、军队内部的人事变动以及军队的思想政治工作很少成为舆论界关注的焦点。但 2012 年 3 月至 4 月军方“讲政治、顾大局、守纪律”的表态并不只是军队内部日常的思想政治工作，更是与党的十八大前的政治局势紧密相关。

无论是军内还是社会上在坚持党对军队的绝对领导这一原则问题上均出现了一些分歧，在这种情况下，中共中央要想在社会稳定的前提下维持并完善政治体制，必须直面这些问题。此番“讲政治、顾大局、守纪

---

① 曹智，李宣良．深入贯彻国防和军队建设主题主线，以优异成绩迎接党的十八大胜利召开［N］．人民日报，2012-03-13.

律”的表态体现了军队加强思想教育，严肃政治纪律，坚持党对军队的绝对领导的决心，也体现了中共中央对改革该如何走的基本态度。

（文/叶蕤）

事业单位改革“顶层设计”面世

2012年4月16日，《中共中央 国务院关于分类推进事业单位改革的指导意见》（以下简称《意见》）全文正式发布，重申事业单位的公益属性，明确提出清理规范、分类改革的路线图，希望到2020年建成基本完善的中国特色公益服务体系。《意见》的发布意味着事业单位体制全面革新的时机已然到来。

1. 改革方向：从分散渐进到系统化顶层设计

近年来，随着国家治理模式和社会格局的深刻变化，各级政府对某些行业的事业单位体制进行了数次调整，但是由于总体思路的缺位，这种渐进式碎片化的改革并不能从根本上克服当下许多事业单位公益色彩淡化、功能定位模糊、政事不分、企事不分等改革不到位的弊病。针对这种情况，中共中央、国务院于2011年3月23日就已拟定《关于分类推进事业单位改革的指导意见》，国务院办公厅于2011年7月印发9个配套文件，统一规划改革步骤，力求改变原先各行其是的局面。而直到2012年4月，《意见》的全文才得以正式发布。

《意见》主要是从顶层设计的角度明确我国事业单位体制改革的整体框架。其主要内容可以概括为三项：清理规范、划分类别，正谊明道。下文将对这三项内容进行介绍和分析。

2. 逐步完善：清理规范、划分类别、正谊明道

第一，清理规范是在改革的预备阶段进行，其内容是对现有事业单位的机构编制、实有人数、经费来源等情况进行全面调查摸底。《意见》要求，对未按规定设立的或原承担特定任务已完成的要予以撤销，对布局结构不合理、设置过于分散、工作任务严重不足或职责相同相近的要予以整合。相较于后面的步骤，清理规范可能遭遇到的阻力要小得多。北京市 2011 年 8 月便启动了这项工作，2012 年 2 月已基本完成。

第二，划分类别是在改革的起点阶段进行。在清理规范的基础上，《意见》要求按照社会功能将现有事业单位划分为承担行政职能、从事生产经营活动和从事公益服务三个类别。《意见》同时要求将从事公益服务的事业单位细分为两类：公益一类——承担义务教育、基础性科研、公共文化、公共卫生及基层的基本医疗服务等基本公益服务，不能或不宜由市场配置资源；公益二类——承担高等教育、非营利性医疗等公益服务，可部分由市场配置资源。

《意见》要求切割非公益服务职能，正本清源。凸显事业单位的公益服务职能是改革的直接意图，因此，对上述公益服务类别之外的两种机构必须进行体制上的变革，《意见》也已明确，只有从事公益服务的方可保留在事业单位序列内。对于承担行政决策、执行、监督等职能，行使行政许可、处罚、强制、裁决等职权的事业单位，要逐步将其职能划归行政机构或转为行政机构。同时，从事生产经营活动的事业单位五年内都要转企改制，核销事业编制，进行国有资产产权登记和工商登记，逐步与原行政主管部门脱钩。

第三，强调公益属性、优化履职能力，正谊明道。将事业单位锻打为“正其谊不谋其利、明其道不计其功”的社会公益组织是本次顶层设计的根本

义理。对此，《意见》提出主要从以下几个方面保障该设想的实现：加大财政援助；厘清政、事关系，进一步落实事业单位法人自主权，并逐步取消其行政级别；建立健全法人治理结构，改革人事和收入分配制度；改革社会保险制度，实行“老人老办法、新人新制度、中人逐渐过渡”；加强监督和党建工作。

3. 未来走向：从顶层设计出发破除改革障碍

“顶层设计”概念最早见于系统工程学，“二战”后被移植到政策科学、系统论、运筹学等社会科学领域，泛指一种同时拥有总体明确性和具体可操作性的高端构想。一套好的顶层设计必须坚持理念一致、功能协调、结构统一、资源分享、部件标准化等系统论立场，在整体视野下综合考虑项目的各个层次和要素。自 2010 年党的十七届五中全会以来，领导层多次要求“更加重视改革顶层设计”，其实就是希望从政府战略管理的高度统筹改革与发展的全局。

事实上，自 1992 年党的十四大提出事业单位改革起，有关人事聘用、机构编制、管理体制、绩效工资、养老保险等改革和试点缓慢探索了 20 年之久，除了因牵涉面过广外，主要原因便在于长期以来缺乏顶层设计。如今在种种铺垫条件几近成熟之时出台的《意见》就是一份顶层设计，它从相当的高度回答了改革“最终干什么”和“具体怎么干”的问题，因而被人们寄予厚望。但可以预见的是，《意见》要推进的分类、去行政化、养老改革等事项必会引发部门博弈和既得利益者的反对，下一步能否披荆斩棘，将原则性的规定落到实处，取决于主政者的决心和推行力度。此外，如何在优化公益服务资源配置、提高公益服务供给的总目标下与民政部门主导的公益事业相衔接，仍需更为细致的安排。

（文/李柯）

中国高铁建设重新启程

2012年4月1日，科技部印发《高速列车科技发展“十二五”专项规划》（以下简称《规划》），重新明确高铁的定位，严格规划高铁的技术体系，强调加强研发尤为重要。

1. 发展沿革：高速铁路再出发

我国研究高速铁路及其列车技术已有20多年，但长期以来局限于对德、日、法等技术先进国家的学习和模仿。2008年2月，科技部、铁道部联合编制《中国高速列车自主创新联合行动计划》，将中国高铁事业推入以自主创新为特征的飞速发展新阶段，然而2011年高铁建设和研发一度陷于停顿。但高速铁路仍然是《国家中长期科学和技术发展规划纲要（2006—2020年）》和《国家“十二五”科学和技术发展规划》确定的重点专案。在此背景下，《规划》应运而生。

2. 发展规划：应对新形势，解决新老问题

第一，明确高铁战略定位，确立总体发展方向。《规划》明确了国家对于高铁的战略需求。从我国地域条件看，不同区域社会经济发展的不平衡导致客运需求层次丰富，相较于普通火车，高铁是很受欢迎的重要交通工具；而从产业战略的角度看，发展高铁产业是在能源和环境约束下解决我国交通运输能力供给不足矛盾，带动形成一大批高新技术和相关产业及制造业提升与发展的重要途径。

世界发达国家高铁工程进入新一轮快速发展期，交通网络化、清洁化、智慧化、安全保障与服务集成化成为高铁技术的发展重点。对比国际高铁技

术发展趋势，《规划》指出要大规模发展具有运能大、安全舒适、全天候运输、环境友好和较高可持续性等优势的高速铁路。

第二，着眼安全与可持续，规划核心技术体系。“十一五”期间，我国已建成5000公里以上的高速铁路，居世界前列；到2020年，预计建成16000公里的高速铁路，届时总里程将位居世界第一。从整体上确保系统安全性和可持续性成为高铁面临的重大问题。对此，《规划》提出将重点发展高速铁路体系化安全保障技术、能力保持技术、可持续性技术以及高速列车装备谱系化技术。此外，《规划》还进一步要求在高速铁路减振降噪技术、高速列车谱系化技术、高速列车系统综合节能技术等关键指标上取得突破。

第三，统合研发力量，组织专项攻坚。按照《规划》，前述重点项目将由科技部在铁道部和行业部门协同下，组织技术、产业和基础研究领域龙头企业、研究机构及大学组成项目联合体，共同完成研究任务。根据研发方向的不同，《规划》对科研经费的使用也做出了安排，即国家科技项目经费主要用于基础理论与关键技术的研究和验证，行业部门和企业配套经费主要用于成果装置、设备、系统的研制，运行验证及产业化能力建设。

3. 总体评价：符合趋势，促进产业发展和技术革新

中国高铁事业处于发展初期，许多技术问题与体制问题亟待完善。然而必须认识到，发展高铁既是世界发达国家的趋势，也符合中国战略与产业发展的需求。《规划》对此提出了明确的思路，力求通过科技解决经济社会发展瓶颈制约问题。落实《规划》将有利于进一步提升铁路整体竞争力和加快培育发展战略性新兴产业。同时，《规划》的出台还具有极强的象征意义，表明了我国发展高铁技术的坚定决心，预示着中国高铁将踏上新的征程。

（文/范阅倩）

四川省全面清理行政权力

2012 年 4 月 8 日，四川省政府要求本省各级机关根据《四川省市县政府依法行政评估指标》（以下简称《评估指标》）以及《推行行政权力公开透明运行工作方案》（以下简称《工作方案》），分类清理行政权力事项、编制行政流程图表、加强政府信息公开，力图在市县级政府层面实现政府信息公开与行政权力规范行使的良性互动。

1. 构建统一、公开的行政权力运行体系

四川省在 2011 年提出要用三年时间建立全省统一、公开透明的行政权力运行系统，省政府办公厅随即发布《省级部门清理规范行政权力实施方案》，组织对 73 个省级部门进行行政权力清理规范，并于当年顺利完成。为进一步提高行政管理效能，推进行政权力网上公开透明运行，巩固前一阶段的改革成果，四川省政府就要依据《评估指标》和《工作方案》进一步开展行政权力事项清理工作。

2. 从分类到建立资料库加大信息公开

四川省此次清理工作主要内容分为三个方面。第一，分类清理行政权力事项，规范具体行政行为。《工作方案》将待清理的具体行政行为分为行政审批、行政处罚、行政征收、行政强制等八类，要求明确行政权力主体、行政行为标准以及行政权力依据。市县级政府部门在清理工作中若发现行政权力交叉、重复以及其他行政执法争议问题，须一并写入清理结果并报送省政府法制办公室。相信通过全面清理，将有助于摸清各级政府的权力底数、明确职责分工，对政府在做出具体行政行为时是否越权一目了然。

第二，编制行政运作流程图表，建立行政权力资料库。《工作方案》将外部行政流程作为本次清理规范地方行政权力的重点，对行政审批、行政处罚、行政强制事项与行政征收等具体行政流程进行编制和优化，使各类具体行政流程能够在一页纸上呈现。四川省技术监督局将制定行政权力编码规则，对有关部门行政权力进行编码，建立资料库，并将建立动态调整机制，及时对行政权力依据与行政机构职能的变更做出回应。随着技术因素的介入，对于各类行政权力的规范和监督将变得更为客观和可控。

第三，加大政府信息公开力度，以公开促规范。《评估指标》要求政府工作以透明公开为基本制度，拓宽办事公开领域，并在此原则下要求各级政府重点推进行政决策、财政预决算、“三公”经费、公共资源配置、重大建设专案批准和实施、社会公益事业建设等领域的政府信息公开。省政府办公厅还在《关于依托电子政府平台加强县级政府领导和政务服务试点工作的通知》中提出，要开展依托电子政务平台，重点建设政府网站、政务微博等网络服务平台。通过制定评估指标、加强电子政务建设，把政府信息公开制度逐渐塑造为规范行政权力的刚性约束机制，将不合法、不合理的行政行为暴露在更广泛的舆论监督之下。

3. 地方政府间的竞争互动

地方政府行政权力的清理规范工作肇始于江苏省。2008 年江苏省出台《清理审核省级行政权力实施方案》，并且系统地推行行政权力的分类清理、行政流程编制、行政行为依据编码等举措。2011 年，吉林、陕西、湖北、四川、江西、广东等省在江苏省政策措施的基础上相继出台文件，结合区域特点，推行一系列清理和规范地方行政权力的措施。总体看来，推行行政权力清理规范已在全国范围内成为建设法治地方政府的重要举措。

从区域互动的视角看，行政权力的清理和规范作为成熟的政府自我管理措施在各省被相互借鉴、承袭，并在此过程中得到改进，形成全国范围内规范行政权力的良好趋势，体现了我国地方治理中区域竞争性互动的特点。而从政策本身的目的看，其根本上在于建设法治、服务、责任和廉洁型的政府，行政权力的清理规范是实现这一目标的良好开端。

（文/林熙翔）

中国首次组建国家海洋调查船队

2012 年 4 月 18 日，中国国家海洋调查船队正式组建，并在北京举行成立大会。该船队由多个涉海部门共同打造，涵盖当时国内调查水平最先进的 19 艘船舶，是首个全国共享的海洋调查基础平台，其成立反映出中央对维护海洋权益的日益重视，也预示着中国将在海洋发展战略上有所作为。

1. 经略海洋：中国开始迈向海权时代

近年来，随着综合国力的增强，中国的国际地位也逐渐提升，在一些地区和全球事务中的发声也越来越有力。但是，中国周边海域也出现了许多挑衅性摩擦，海洋资源冲突与地缘政治问题交错作用，对中国经济拓展和外交发展构成严峻挑战。究其原因，这其实是国际社会新一轮的海洋圈地运动的结果。此番组建国家海洋调查船队，是中国对海洋权益日益重视的体现，也反映出海洋问题的紧迫性：第一，世界发展呈现一个总趋势，即海洋国家占据发展优势；第二，作为一个传统的陆地国家，中国同样拥有极长的海岸线，海洋经济占比也在逐年增长，国家发展对海外能源和海洋运输线的依赖性需求更加突出；第三，在海洋国家中，中国是后来者，对海洋探索尚不充分，科技装备较为落后，在原有秩序环境下求发展，因不熟悉规则而被严重束缚。

2. 船队整合：探索海洋调查管理新模式

鉴于海洋权益保障形势的严峻性和紧迫性，如何获取更多的海洋资源信息和数据积累、促进重大成果的产出就成了关键所在，海洋调查船队由此应运而生。此次建立国家级船队，其核心就是通过资源整合和管理集中，探索海洋调查研究与管理的新模式。一方面，从改装船发展到各种专业或综合型调查船，从近海发展到远洋，中国海洋调查船事业历经五十多年发展，老一辈海洋人“查清中国海，进军三大洋，登上南极洲”的目标早已实现。但是，面对国家海洋战略的转型升级，以往海洋调查船管理存在的任务多而船只少、经费少而用度大、管理部门多而合作共享少等问题，在很大程度上制约着国家海洋调查能力。因此，成立海洋调查船队的目标就是要建立起资源信息高度共享、科研与经济共同推进的海洋调查模式，从而提高调查船使用效率，强化海洋资源信息和数据的探索与积累。以此为基础，中国可以进一步探索开发海洋资源，保护海洋通道，从而维护国家海洋权益。另一方面，如今船队初成，调查船的产权、隶属与管理方式并没有改变，随之成立国家海洋调查船队协调委员会也仅仅只是多部门联合的第一步。如何将调查船盘活，探索合理的调查船使用链条权、责、利配置方式，促进船队管理和使用的规范化、制度化，是协调委员会发挥作用的关键。这也是今后扩大船队规模、形成良性模式的基础。

3. 动向观察：海洋调查创新将助推中国海洋战略转型

漫长的海岸线注定了中国并不应是一个纯粹的陆地国家。中国要利用丰富的海洋资源发展自身，解决外交纠纷和冲突，就必须调整大陆思维，重视海洋探索和开发，主动提升自身的海洋发展意识和能力。纵观全球，欧美发达国家都有强大的海洋调查船队。其中，美国实行集中管理制度，其海洋调查船队装备最先进、船只数量最多，且能够整合多方资源、高效利用船只，这些优势使其能够一直保持海洋调查领域的领先地位。此次海洋调查船队的诞生，是中国迈向海洋国家的一个重大突破，同时也是一个信号：中国正谋求获取更强的海域掌控力和更多的海洋话语权，由此推出的一系列战略举措，将促进新型海洋关系的形成。

（文/马毅豪）

三部委推进“新农合”支付方式改革

2012 年 4 月 12 日，卫生部、国家发改委和财政部联合下发《关于推进新型农村合作医疗支付方式改革工作的指导意见》（以下简称《意见》），对改革新型农村合作医疗（以下简称“新农合”）支付方式做出具体安排，以期完善“新农合”运行机制，进一步规范医疗行为，提升医疗服务质量。

1. 传统支付方式弊端渐显

“新农合”自 2003 年开始推行，在保障农民健康方面发挥着越来越重要的作用。以往“新农合”主要实行按项目付费的支付方式，虽然有利于调动医疗机构和医务人员的积极性，但也容易发生诱导需求、过度用药、过度检查等不规范行为，造成医疗费用不合理增长、医疗资源浪费等问题。[①] 费用的快速增长，对各种医疗保险基金形成很大压力，制约了“新农合”作用的发挥。改革现有支付方式已十分迫切。[②] 对此，2009 年发布的《中共中央 国务

① 宋太平. 新农合供方支付方式改革现状分析 [J]. 卫生经济研究，2012(03).

② 陈家应. 新农合支付制度改革应注意的几个问题 [J]. 中国卫生政策研究，2012(05).

院关于深化医药卫生体制改革的意见》和2012年国务院发布的《“十二五”期间深化医药卫生体制改革规划暨实施方案》都对“新农合”支付方式改革提出要求。截至2011年6月，国内68%的新农合统筹地区已开展支付方式改革，为全面推开改革提供了实践基础。

2. 支付方式改革以门诊和住院为切入点

针对传统支付方式问题，《意见》主要从门诊和住院两个方面着手改革。第一，实行以门诊费用总额预付为主的支付方式改革。即由“新农合”经办机构与具体医疗机构在科学测算的基础上，协商确定该定点医疗机构一个年度的预算总额，经办机构以此为依据支付医疗服务费用。由于预付制的支付标准是事先确定的，不受所提供的服务量的影响，因此服务提供者在服务过程中都会有意识地减少服务，降低服务成本，以争取在支付限额内获得最大的经济利润，这将有利于减少医疗服务的过度提供。[①] 第二，实行按病种付费、按床日付费等住院费用支付方式改革。按病种付费是针对某一特定病种，测算其医疗服务过程中合理发生的费用，据此计算患者要支付的费用；[②] 按床日付费则是在将所有住院疾病分为若干类的基础上，合理测算不同疾病的床日付费标准，以此确定患者费用。

3. 改革须解决费用测算与监管难题

虽然新的支付方式有利于避免过度医疗，降低农民经济负担，节约医疗资源，但在具体操作中还存在许多问题。不管是总额预付制还是按床日付费，都必须面对如何科学测算相应费用的难题，过低会造成医疗机构推诿病人、

① 陈家应．新农合支付制度改革应注意的几个问题［J］．中国卫生政策研究，2012(05)．

② 荣锦．新农合支付方式改革探讨［J］．山西财税，2012(07)．

不合理减少医疗服务，降低医疗服务的质量；过高则会导致医疗服务过度和不合理增长，违背改革初衷。另外，有效的监管是改革顺利进行的保障，但相对于数量庞大的医疗机构，“新农合”管理部门的人员配置和管理能力远远不能满足现实的需要，因此，建立完善的监管机制和队伍也是当下亟须解决的问题。

（文/卓增华）

社工人才培养及职业发展提上议事日程

2012 年 4 月 26 日，中央组织部、中央政法委、民政部、人力资源和社会保障部等 19 个部委和群团组织联合发布了《社会工作专业人才队伍建设中长期规划（2011—2020 年）》（以下简称《规划》），标志着这项事业将从个人道德驱动转入有政府鼓励、支持和引导的公共驱动的新阶段。

1. 以人才为核心构建社会工作基础

立足人才培养，解决社工数量和品质缺口问题。社会工作这一社会参与形式在我国已经存在了相当长的一段时间，但总体来看，在应急处置、社区建设及犯罪预防等国际上已呈现社会工作专业人才密集态势的典型领域，我国社会工作人员的数量和品质都与国际主流水准之间存在较大差距，社工的非职业、不专业现象尤为突出。当时，我国社会工作者约有 20 万名，其中专业人士所占比重更是不到一半，供需极度失衡，平均每名社会工作者要服务近千名重点民政对象（例如绝对贫困和低收入、残疾人口）。根据《规划》，到 2015 年，我国将致力于培养 50 万名社会工作专业人才，并在 2020 年力争达到 145 万名的规模。

对此，《规划》提出了三个方面的举措：首先，加强社会工作专业教育。当时的情况是，全国有320多所高校设立社会工作专科和本科，60所高校和科研机构设立社会工作硕士专业学位，每年培养学生2万余名；其次，完善职业水准评价制度。2008年起实施的“助理社会工作师、社会工作师职业水准考试”到2012年4月底，仅发出了54176张证书，远不能满足需要；再者是实施重点人才工程。在统筹考虑现有社会工作学科研究布局和资源基础上，推动社会工作学科重点研究基地建设。到2020年，依托现有资源，建立500家社会工作专业重点实训基地。

2. 建立健全社工职业激励机制

重绘职业前景，解决人才流失和结构失衡问题。此时期社会工作专业毕业生的就业面相对狭窄，许多人改从他业，而一些进入社区或福利机构工作的毕业生也因待遇偏低、作用得不到有效发挥以及职业发展不明朗而不能安心工作。对此，《规划》首先针对社工专业岗位不明确、服务平台有限的问题，提出了加快城乡社区社会工作专业岗位设置步伐、加大公益服务事业单位社会工作专业岗位开发力度、积极发展民办社会工作服务机构、加强公共服务和社会管理部门对社会工作专业人才的任用等措施。

其次，《规划》针对社工职业地位不高、职业待遇较低、发展空间有限的问题，提出了建立职业晋升机制、薪酬激励制度、畅通流动选拔渠道等举措。除此之外，《规划》还拟逐步推广专人专岗的政策，即在所有社会工作相关领域的就业岗位都将从经过正规培养、具有相关资质的专业人才中进行招募，并通过后续的激励机制，拓展人才的进步空间，从根本上扭转人才流失的局面。

3. 社工人才培养是我国发展的关键一环

随着城镇化进程的加快，社区安全、贫富差距、人口老龄化、就医、就学、就业等领域的社会问题日趋尖锐，与飞速的经济增长形成强烈对比。在世界范围内，专业社会工作者占总人口的比例，美国为2%，日本为5%，我国香港地区仅正式注册者就占17%，而中国内地专业社会工作者只占总人口的0.3%。从中国庞大的人口基数可以预见，建设高度发达的社会工作专业人才体系有相当的必要性，其前景将是积极和广阔的。大力培养社会工作专业人才，不仅能够解众多社会问题的燃眉之急，同时也能够创造更多的就业渠道，缓解各地就业压力，最终形成上下疏通的可持续发展之势。

（文/范阅倩）

5月　国家多方促进海洋经济发展

中央创新统战工作，保障民主党派换届顺利

政府确定文化发展具体途径

国家采取多措施加速海洋经济开发

国家政务信息化工程建设全面铺开

重点流域“五年规划”塑造治污新格局

中央创新统战工作，保障民主党派换届顺利

2012 年 5 月，各民主党派换届工作已在全国范围内陆续展开，并将于年内完成。中共中央在 2012 年也要完成中央领导集体换届工作，为使执政党和参政党在代际更替后仍然保持亲密友党关系，中共中央统一战线部门自 2009 年起即对民主党派展开了有针对性和有计划性的统战工作。

1. 统战工作旨在更好发挥参政党作用

民主党派具有联系知识精英、新兴阶层等诸多社会群体的特殊政治作用，随着改革开放日渐深入，其作用亦愈发突出。但是，各民主党派自身党建和人才梯队建设十分滞后，普遍面临“青黄不接”的局面，其预想的作用也难以发挥。此轮统战工作的主要目的是在大换届的背景下通过一系列措施解决上述问题，以保障各民主党派新一届领导集体妥善履职，更好地联系其所代表的各个社会群体，从而发挥政治体制下参政议政的特殊作用。

2. 新一轮统战工作重点突出、特点鲜明

纵观此轮针对各民主党派的统战工作，至少呈现出以下三个特点。

第一，持续时间较长，内容丰富且具有连续性。从 2009 年起，各民主党

派在中共中央统战部的号召下持续开展学习践行社会主义核心价值体系活动；2011 年，胡锦涛提出“同心”思想，并强调始终坚持正确的政治主向，坚定不移地走中国特色社会主义政治发展道路。2011 年 12 月，中央社会主义学院与中国民主促进会中央委员会合作成立了参政党建设理论研究中心。2012 年 2 月中央发布《关于加强新形势下党外代表人士队伍建设的意见》，统战部门积极推动建立党外代表人士实践锻炼基地，发现、培养、使用优秀的党外代表人士。2012 年 4 月 28 日，全国政协主席贾庆林在各民主党派学习践行社会主义核心价值体系活动经验交流会上做出重要批示，要求各民主党派以“同心”思想为指导，着眼增进政治共识，深入搞好权力交接。

第二，统战工作强调思想建设。除了“长期共存、互相监督，肝胆相照、荣辱与共”的传统方针，还特别强调“同心”思想，要求各民主党派增进对中国特色社会主义理论体系的共识，增进思想和政治的一致性。胡锦涛在 2011 年党外人士迎春座谈会上提出，“思想上同心同德、目标上同心同向、行动上同心同行，是中国共产党领导的多党合作和政治协商制度最鲜明的特质”。[①] 此后，政协、统战部门和各民主党派在各种场合不断强调“同心”思想，例如九三学社中央就将“同心”思想作为 2012 年思想建设工作的重要内容。与此同时，《人民政协报》与《人民日报》也多次刊文阐释和宣传“同心”思想。中央统战部部长杜青林指出，“同心”思想有着鲜明的政治属性，强调理想信念上的共识、道路方向上的一致，以及具体实践上的协力。中共中央通过强调“同心”思想，确保各民主党派在换届过程中坚持中国共产党的领导，并不断巩固建设中国特色社会主义的思想共识。

第三，统战工作侧重参政党建设，其间中央社会主义学院发挥了重要作用。2011 年底，民进中央—中央社院参政党建设理论研究中心正式成立，这

---

① 中共中央举行党外人士迎春座谈会［N］. 人民日报，2011-01-31.

是民主党派和中央社会主义学院在参政党研究和统一战线建设方面联合开展的一次全新尝试。2012年4月6日，该中心举办了主题为“高素质参政党建设问题”的研讨会。与会者认为，与执政党日益成熟的执政理念和执政能力相比，参政党的思想建设、组织建设和作风建设还有不小差距。民主党派只有不断学习执政党建设的经验，加强自身建设，把自己建设成为学习型参政党，才能始终成为与中国共产党通力合作、致力于中国特色社会主义事业的参政党。

3. 新一轮统战工作着眼于凝聚共识

新一轮统战工作着眼于凝聚政治共识，确保党的十八大前后政治局势的稳定以及权力交接的顺利完成，这无疑体现了中共中央和民主党派的共同努力，其中有关参政党建设理论的探索颇有新意。但考虑到民主党派在现行政治体制中的参政议政地位，这些举措是否能发挥预想的增进团结、扩大影响、凝聚共识的作用，有待进一步观察。

（文/叶蕤）

政府确定文化发展具体途径

2012年5月7日，文化部印发了《文化部“十二五”时期文化改革发展规划》（以下简称《规划》）。中共中央办公厅、国务院办公厅在2012年初发布《国家“十二五”时期文化改革发展规划纲要》（以下简称《纲要》），对未来五年相关事务做了全面部署。为落实《纲要》的指导性和原则性安排，作为主要负责机关的文化部印发了《规划》，对多项文化发展主要指标做出规定，提出与国家《纲要》内容相呼应的政策措施，还直接以专栏形式明确了八大类数百个具有操作性的重点工程，文化发展的具体途径至此已然确立。

1. 将文化产品供给视为一项系统工程

在文化产品供给方面，实施国家艺术创作引导扶持工程，加快构建公共文化服务体系。公共文化服务作为公众的事业，其生命力一方面来自艺术创作的繁荣，另一方面取决于大众的参与程度。因此，《规划》首先明确推行精品战略，实施包括新剧目、西部和少数民族地区艺术创作、国家和民营艺术院团建设等扶持计划和当代音乐艺术、国家美术等发展计划在内的国家艺术作品引导发展工程，并决定设立国家艺术基金作为后盾。其次，强调要建成覆盖全部行政层级和地理区划的公共文化设施和服务网络，重点推进国家美术馆、中央歌剧院等核心专案以及500余个地市图书馆、文化馆、博物馆等的建设，要求它们向群众免费提供基本文化服务，并要求建设全国文化信息资源分享网络，将数字图书馆和公共电子阅览室推广到最基层。

与国家《纲要》强调意识形态指导地位略有不同，《规划》重视突出政治维度，提倡开展文艺理论研究和文艺批评，以期重振马克思主义文艺理论研究和文艺批评的雄风，重塑文艺批评的科学态度和理性精神，重建文艺批评与文艺创作、文艺思潮之间的健康关系和良好秩序。

2. 实施全方位文化遗产保护

在文化遗产保护方面，实施不可移动文物保护、非物质文化遗产保护传承、中华古籍保护等计划。文物、典籍以及非物质文化遗产是历史传承的主要载体，《规划》部署了多项重大文物保护工程，要求加强非物质文化遗产名录项目统计，抢救性保护其传承人和技艺。《规划》在古籍保护方面的措施尤为引人关注，包括编纂《中华古籍总目》各分省卷、建设国家级古籍修复中心、建成中华古籍数字资源库、系统调查散失海外的中华古籍珍本等中心工作，启动实施民国时期文献保护计划、中华人民共和国成立后中文报纸缩微转换保存计划和“中国记忆”项目。这些举措必会对华夏文明的弘扬以及民族智慧和记忆的保存起到积极作用。

3. 健全文化产业市场机制

在文化产业开拓方面，实施重点领域建设工程，优化产业布局，健全市场机制。文化产业已被定位为国民经济支柱型产业，而上述三点是实现此目标的主要方式。《规划》除了重申大力发展有关产业外，对产业布局和市场机制做了明确安排。各级政府首先要因地制宜，实施差异化的区域文化产业发展战略，其次要创新市场平台以解决文化企业融资问题，另外还须加强对市场的管理和对智慧财产权的保护。

4. 注重文化人才队伍建设

在人员和技术保障方面，开展一系列文化人才队伍建设重点工程，促进文化与科技相融合。《规划》确定实施文化名家工程、全国基层文化队伍培训等人才培养计划，在事业单位改革进程中优化职称评价、职位选拔等管理机制。特别值得关注的是，《规划》重点强调了“文化与科技深度融合”，认为文化和科技有着显著的相互促进关系，要求积极运用高新技术来拓宽文化传播管道和丰富文化表现形式。5 月 17 日，科技部会同中宣部、财政部、文化部、广电总局、新闻出版总署等部委联合发布《国家文化科技创新工程纲要》，进一步描绘了文化与科技融合的具体路径。

5. “规划”助推我国文化建设

五年“规划”及其前身“计划”长期以来是中共中央最为重要和最为全

面的施政纲领。自1953年实施第一个五年计划起至今，计划本身经历了重大变革，以十一五变“计划”作“规划”为标志，五年规划正式由经济指令型转变为社会发展战略型，其内容则由经济计划转向以设定约束性公共服务指标为主的全面发展安排。规划模式近年来取得了良好效果，它一方面为政府引导市场行为提供了依据，并不再支援政府对企业行使指令性权力，另一方面以约束性权力强化了地方政府提供公共产品的义务。

文化部《规划》显然秉承了这一思路，设定了不少必须扶持的公共事务，提出一系列具体细致的考核指标，并引导社会力量来协同完成，此外，还要求财政资源给予充分支持，是一个操作性很强的行动纲领。《规划》要求建设覆盖城乡的公共文化服务体系，并要求重点向贫困落后地区、革命老区和基层农村倾斜，责成公共文化单位提供优质高效、普遍均等的产品和服务，具有重要的民生意义。强调通过评奖、资金与项目审批，发挥舆论导向作用，凸显出《规划》的文化纲领性地位，引导文化发展方向。

但同时也应当看到，普通民众对“社会主义核心价值观”的理解不够深刻，对其具体内容的认识还不甚清晰，这种价值观层面的模糊是中国文化建设的一个重大瓶颈。此外，文化有着很强的内在逻辑与自我评价标准，文化行政主管部门要完成的诸如“推出100部以上精品剧目”的任务，仍然十分艰巨。针对这个过程中很可能出现的某些部门和地方借“文化”名义扩权牟利以及“外行”凭借行政权力压制“内行”等情形，主政者不能不有所警觉和防备。

（文/李柯）

国家采取多措施加速海洋经济开发

2012年5月，国家海洋局和国家标准化管理委员会联合发布了《全国海洋标准化“十二五”发展规划》，计划今后五年在海洋基础通用标准等 18 个领域制定、修订数百项国家标准以及行业标准，这将为我国提升海洋产业竞争力和促进海洋产业升级提供技术支援，并将助力我国海洋产业向创新驱动型、内涵集约型的海洋经济高级阶段过渡。

2012 年 2 月至 5 月，为建设海洋经济强国，政府密集出台了一系列措施。我国海洋经济在 2011 年占 GDP 比重已高达 9.7%，然而由于以往缺乏引导规划，其发展仍呈粗放态势，同时，现在国家海洋主权面临严重威胁、渔场等海洋资源受到严重侵犯亦是不争的事实。

1. 加强国际海域调查，开辟海洋资源新领域

国际海底区域蕴藏着大量战略性稀缺资源。我国虽然是国际深海开发先驱投资者之一，并在北太平洋拥有一块矿区，但是缺乏对国际海底区域资源的长远开发战略，以至拓垦步伐缓慢。为此，国家海洋局 2012 年 2 月发布《国际海域资源调查与开发“十二五”规划》，提出要开展资源调查与评价，完成新资源矿区选划；进行基础能力建设，加快大洋综合调查船与载人潜水器母船建造，完善业务网络中心建设；落实有特色的环境与科学研究等多项设想。该规划是我国在“十二五”期间面向远洋深海的总体规划，其着眼点在于掌握国际海底区域资源开发利用的主动权，为我国实现在国际海域事务中的强国地位奠定基础。

2. 区分海域功能类型，引导管理开发行为

一直以来，我国对所辖海域缺乏统筹规划，导致开发活动出现功能重复、忽视生态等情况。对此，国务院在 2012 年 3 月正式批准《全国海洋功能区划（2011—2020 年）》（以下简称《区划》），确定了中国未来 10 年海洋空间开发和综合管理的基调和目标。海洋功能区划制度强调要根据

海域区位等要求，按照海洋功能标准，将海域划分为不同类型的功能区并开发利用。《区划》划定了八类海洋功能区，并详细确定了五大海区（即渤海、黄海、东海、南海和台湾以东海域）的总体管控要求以及重点海域的主要功能和开发保护方向，意在消除过去海洋开发的单调模式，使得海域资源配置趋于合理，海域资源得以集约化利用，令海洋工作能服务于社会和经济的发展。

值得注意的是，《区划》在其管控要求中强调要推进位于南海海区的海南岛、中沙群岛、西沙海岛旅游资源开发。舆论普遍认为此举是中国维护主权的新举措。按照国际法通例，宣称对某领土的主权以对该领土行使统治行为为客观要件，而开发旅游即属于国家行使统治权的表现，这不但有利于宣示主权，而且也有利于中国南海其他岛屿问题的解决。

3. 订立国家海洋经济标准，促进发展方式转变

“标准化”是为了在一定范围内追求最佳秩序和最大效益，对现实或潜在问题制定共同且重复使用的条款的活动，其在产业优化升级、节能减排等方面起到了重要推动作用，是加速经济发展方式转变的重要手段。

21 世纪是人类开发利用海洋的新世纪，也是争夺海洋资源的关键时期，充分利用海洋资源将成为经济可持续发展的有力保障。加上 3 月出台的《全国海岛保护规划》，我国在 2012 年上半年已经发布了 4 个涉海的文件。从宏观战略规划到微观技术标准，从海岛到海域，从近海到国际深海，这些政策已经勾勒出中国迎接未来海洋世纪的初步设想，显示出海洋在国家战略格局中地位的稳步上升。随着综合实力的提升和相关规划的逐步落实，中国海洋经济将会愈加发达，海上主权也将得到更好的维护。

（文/于翔）

国家政务信息化工程建设全面铺开

2012年5月16日，国家发展和改革委员会发布《“十二五”国家政务信息化工程建设规划》（以下简称《规划》），要求形成统一完整的国家电子政务网络，初步建成共享开放的国家基础信息资源体系，旨在通过强化顶层设计形成主体架构和加强协同共用机制，提高政府运作效率。

1. 为政务信息化建设提供系统规划指导

自2007年全国电子政务工作座谈会确立“十一五”期间电子政务建设工程以来，我国政务信息化建设取得显著成效，政务部门的办公自动化、重点领域和重点业务的信息化、网络与信息安全基础设施保障等工作都取得实质性进展。然而，由于缺乏系统规划指导，政府面向公共服务和改善民生的信息化系统亟待建设，信息共享、业务协同和服务应用程度还有待提高，网络和信息安全建设仍需加强。

2. 构建整体架构，打造基础平台，加强财政支持

第一，推动信息共享与业务协同，形成国家电子政务主体架构。我国的政务信息化建设在“十一五”期间已达到了业务信息化和网上政务的阶段。《规划》将进一步深化和优化电子政务，实现政务处理系统的集约化整合，从而为高效施政提供基础。《规划》具体指出，要基于国家电子政务传输骨干网，建设好内网，扩展外网，整合优化已有业务专网，加快推进专网业务向国家电子政务网络迁移，确需保留的部门专网则必须根据业务需要实现与国家电子政务网络互联互通。通过国家电子政务内网平台与外网平台的建设，强化信息资源在多部门的协同与共用，减少电信网络工程领域的重复建设，提高政府工作效率。

第二，着眼公共服务与民生事业，构建基础政务信息平台。“十一五”期间，我国在政务信息网络工程的硬件建设上取得了实在进展，但并没有用好它，支撑面向国计民生的决策管理和公共服务的能力明显不足。就此，《规划》指出深化国家基础信息库和业务信息库的开发利用，依法向政务部门和社会开放，并重点推进全民健康保障、住房保障、社会保障、药品食品安全监管、安全生产监管、市场价格监管、金融监管以及能源安全保障、信用体系建设、生态环境保护、应急维稳保障、行政执法监督、民主法治建设等的信息化工程建设，旨在以此提升治国理政能力和依法行政水平。

第三，依托财政支援与组织建设，保障政务信息建设进度。政务信息化建设是政府现代化管理的重要部分，要实现《规划》确立的“十二五”期间初步建成共享开放的国家基础信息资源体系，支撑面向国计民生的决策管理和公共服务，显著提高政务信息的公开程度等目标，需要有力的投入保障和有效的组织建设。就此，《规划》明确要求“充分保障国家政务信息化工程的建设资金和运维经费”，确保“中央和地方的建设资金、运维经费必须及时到位，确保项目顺利实施”，从而为政务信息建设稳步推进确立财政保障。《规划》还明确“要加强工程建设的跨部门统筹协调，确定牵头建设部门，建立健全‘一把手’负责制，确保完成规划提出的目标任务”，为政务信息化建设提供组织上的保障。

3. 推动政务信息化，完善政府现代化管理

如前所述，国家政务信息化工程建设能够通过现代科技实现执政能力的跨越，同时，推进政务信息化也是政府信息公开的必然要求。国务院于2012年4月28日出台《2012年政府信息公开重点工作安排》，要求推进“三公”经费、保障性住房、食品安全、环境保护等重点领域的信息公开，推进制度建设以提高工作品质与实效，可将其视作《规划》出台的先声。此后，发改委、财政部、国土部等多部门分别出台相应政策和举措，回应国务院《2012

年政府信息公开重点工作安排》，显示政府推进政务信息公开的决心。

政务信息化是政府现代化管理的重要部分，更是信息公开的基础。开展国家政务信息化工程建设，为治国理政提供一个可共享和更加透明的信息平台，既有助于提高政府运作效率，又能够通过政务资讯公开促进政府依法行政。

（文/林熙翔）

重点流域“五年规划”塑造治污新格局

2012年5月16日，环保部、国家发改委、财政部、水利部联合印发《重点流域防治水污染规划（2011—2015年）》（以下简称《规划》）。这是继2011年9月五部委联合印发《长江中下游流域水污染防治规划（2011—2015年）》之后，政府在水污染治理领域推出的又一重要举措，这意味着对重点流域的污染治理将全面展开。

1. 重点流域水污染治理形势依然严峻

被纳入治污规划的“重点流域”，包括松花江、淮河、海河、辽河、黄河中上游、太湖、巢湖、滇池、三峡库区及其上游、丹江口库区及上游等10个流域。① 这些流域所经地区人口密度高、经济社会活动频繁、环境承载压力大，水污染问题往往也较为突出。过去，政府高度重视重点流域水污染防治工作，曾提出“让江河湖泊休养生息”等政策思想②，并推出一系列流域治

① 其中，太湖流域水污染防治规划纳入《太湖流域水环境综合治理总体方案》，丹江口库区及上游流域水污染防治规划纳入《丹江口库区及上游水污染防治和水土保持规划（2011—2015年）》。重点流域共涉及23个省（自治区、直辖市），254个市（州、盟），1578个县（市、区、旗）。参考环保部、国家发改委、财政部、水利部联合发布的《重点流域水污染防治规划（2011—2015年）》。

② 周生贤．让不堪重负江河湖泊休养生息［J］．求是，2007(16).

理举措[①]，使部分流域污染态势得到一定遏制。然而从整体上看，重点流域水污染问题依然严重，根据《规划》，未来防治工作仍面临诸多挑战：第一，经济社会快速发展对水环境的破坏压力持续加重，流域受污范围可能进一步扩大；第二，重金属、持久性有机污染物等问题逐渐暴露，源污染防治和水生态修复难度大；第三，石油化工等高风险污染行业沿河临江的基本布局，在短期内难以根本改变，污染风险大，跨界纠纷时有发生。进一步强化重点流域水污染防治，刻不容缓。

2. 凸显综合布局、区别治理、分区分级防控的基本思路

第一，目标与原则相统一。《规划》确立“分区控制，突出重点；统筹规划，综合防治；海陆兼顾，河海统筹；政府引导，明确责任”的 32 字原则，分别设定水质目标、总量控制目标、分区防控目标，对防治工作的控制框架、治理方式、治理范围、责任主体提出细化要求，确立了未来五年防治工作的方向和整体布局。

第二，任务与方案相衔接。《规划》提出加强饮用水水源保护、提高工业污染防治水平、提升城镇污水处理水平、推进环境综合整治与生态建设、加强近岸海域污染防治、提升流域风险防范水平等 6 项主要任务。在此基础上，《规划》以“改善质量—削减总量—防范风险”为主线，形成了水质维护型单元保护方案、水质改善型单元治理方案与风险防范型单元防控方案。这三类方案不仅与《规划》任务相衔接，而且以国内重点流域水环境质量状况与水污染排放状况为基础，对水质达到或优于 III 类、IV 至 V 类、劣 V 类的水

---

① 例如，“十一五”期间，国务院陆续批复淮河、海河、辽河、松花江、三峡库区及上游、丹江口库区及上游、黄河中上游、滇池、巢湖流域水污染防治规划和太湖流域水环境综合治理总体方案，中央和地方共同推动流域水污染治理。

体施以不同的治理对策，具有较强的针对性。

第三，控制框架与责任体系相对应。《规划》兼顾河流湖泊的自然状态与行政区划，确立了“流域—控制区—控制单元”三级分区体系的框架。其中，流域体现宏观布局，明确流域水污染防治重点和方向，协调流域内上下游、左右岸等跨省级行政区的水环境管理工作；控制区由地方政府落实水污染防治目标和任务，协调省内上下游跨界水环境保护工作；控制单元作为水环境管理的基本单元，负责基础数据统计、水环境问题分析、陆域排污与河流水质的响应关系、污染削减任务核算、治污项目安排。在此框架下，地方政府是环境保护目标的责任主体，国务院部门负责统筹与宏观规划，控制单元依据地方政府具体要求执行规划。

3.《规划》实施需协调多重关系

相比以往各地分别出台单一流域治理方案、流域治污相对分散的状态，此次《规划》从国家层面做了全局性安排，无疑有利于上下联动，提升整体治理水平，形成全国“一盘棋”的治理格局。但在治理实践中，还要协调好立法与执法、中央与地方、治理与补偿等关系。首先，既缺少综合性跨行政区的重点流域污染防治管理办法，也缺少相对应的程序性规范，不仅不利于环境监管执法，也易使流域内居民在遭受环境侵害后难以诉诸救济。其次，此次中央明确了任务和责任，但在具体落实过程中，也要鼓励不同控制区与控制单元根据实际制定方案、灵活实施，调动地方政府积极性。最后，应对解决水污染纠纷，还需建立合理的生态补偿机制，尤其要平衡上下游区域间的环保权责，通过适当补偿实现双赢，从而在源头上消除流域污染的成因。[①]

（文/苏秋纳）

---

① 步雪琳．建立统一的流域管理体制［N］．中国环境报，2008-03-19.

6月 创新型国家建设成施政热点

两岸关系即将进入新阶段

中国人权事业再添新章

政府力推创新型国家建设

“老少边穷”地区发展提速

出台财金新政扶持中小企业发展

两岸关系即将进入新阶段

2012 年 5 月 20 日，马英九连任台湾地区领导人，并在就职演说中强调“以两岸和解实现台海和平”。随着两岸关系和平发展进入巩固深化的新阶段，中共中央也做出一系列表态。这些表态，既是对台各界新举动的回应，也为新阶段对台政策奠定了初步基调。

1. 探索政治难题，寻求政治突破

过去四年，两岸建立了反对“台独”、认同“九二”共识的共同政治基础。然而，两岸对“促进统一”尚未形成稳固共识，对“一个中国”的表述尚无明显交集。政治争议不可能完全和长期回避，大陆将寻求政治突破。首先，大陆首次提出“一个中国框架”。2012 年 2 月，在对台工作会议上，贾庆林提出要巩固大陆和台湾同属一个中国的框架。[①] 其核心是大陆和台湾同属一个国家，两岸关系不是国与国的关系。相较以往的“一个中国原则”，“一中框架”更明确、清晰、务实，这是两岸关系发展的最新突破。其次，大陆直面台湾动态，采取更积极和更清晰的政治态度。马英九就职时表示，希望两岸建立“互不承认主权，互不否认治权”的共识。对此，国台办新闻发言

① 陈健兴 . 2012 年对台工作会议在北京举行［N］. 人民日报，2012-03-02.

人表示，大陆并不感到意外，但中国的主权和领土完整没有分裂，两岸同属一个中国的事实没有改变。在民进党方面，苏贞昌表示将恢复设立大陆事务部，对大陆的态度、方法要与时俱进。由此可见，在新阶段的两岸交往中，“政冷经热”的局面可能得到改善。

2. 发布惠台新措，深化经贸合作

大陆将努力维持两岸经贸繁荣发展的局面，并向更深入、更全面的方向推进。6 月 17 日，第四届海峡论坛在厦门举行。贾庆林表示，要积极推进两岸经济合作和 ECFA（海峡两岸合作框架协议）后续商谈，努力让更多的台湾民众尤其是基层民众在两岸交流合作中受益。① 在具体政策上，大陆各有关部门宣布了八个方面的对台惠民新举措，涉及台胞在大陆就业、大陆居民赴台游、便利台胞来往大陆、进口台湾大米、增设交流基地等方面。② 值得注意的是，以经贸活动为契机，民进党也日益活跃地参与到了与大陆的交往中。在第四届海峡论坛上，民进党把持的台南市政府首次组织厂商、小吃业者和基层民众等参加多项活动。

3. 促进全民交往，扩大民间交流

两岸关系虽历经风雨坎坷，但民间交流始终没有中断。两岸关系发展的

---

① 蒋升阳，钟自炜．第四届海峡论坛大会在厦门举行［N］．人民日报，2012-06-18.

② 人力资源和社会保障部决定，进一步放宽在大陆毕业的台湾学生及其他台湾居民在大陆就业的相关政策。国家旅游局提出，进一步鼓励大陆居民赴台旅游，争取大陆居民赴台旅游规模达到 180 万人次。公安部决定进一步为台湾居民来往大陆和在大陆居留、生活提供便利。国家质检总局决定，符合要求的台湾大米可以输往大陆，同时启动台湾方面提出的其他食品、农产品输往大陆的相关准入程序。大陆的工商银行、中国银行、建设银行以及国家开发银行将在未来 3 到 4 年内对台资企业再提供 6000 亿元人民币的贷款额度。教育部决定，台湾居民可以在大陆高校申请教师资格证。国家自然科学基金委和福建省政府将共同设立和启动“促进海峡两岸科技合作联合基金”。国台办将在原有 11 个海峡两岸交流基地的基础上，再增设 6 个基地。

动力来自民间，发展的潜力也蕴藏于民间。在新阶段，大陆将更加强调民间往来，促进全民交往。贾庆林在第四届海峡论坛大会上表示，进一步保持两岸民间交流蓬勃发展的良好势头，进一步发挥两岸民间交流汇聚民意的积极作用，进一步通过两岸民间交流增进广大民众的福祉，进一步提高两岸民间交流的质量和水平。[①] 6 月 18 日，中央统战部长杜青林也表示，反独促统运动“活力在民间、动力在民众”，要围绕争取台湾民心主线，推动反独促统运动持续深入发展。这意味着，大陆将进一步推动“全民交流”，巩固深化两岸关系的文化社会基础。

4. 政策奠定初步基调，细化尚需更大努力

随着大陆经济社会的发展，以及中国国际地位的提高，两岸政治问题亟待突破。如果一再拖延、避重就轻，将不利于国家社会稳定、中国共产党执政地位的巩固和中华民族伟大复兴。所以大陆提出新阶段对台政策，奠定初步基调，具有积极意义。

然而，由于国际形势的复杂，以及缺乏更为开放的政治理论框架，所以要在对台政治问题上提出更加清晰一致、切中肯綮的表述，还需更大努力。

（文/叶蕤）

中国人权事业再添新章

2012 年 6 月 11 日，国务院新闻办发布《国家人权行动计划（2012—2015 年）》（以下简称“二期行动计划”）。这是继 2009 版计划之后，中国政府正

---

① 蒋升阳，钟自炜．第四届海峡论坛大会在厦门举行［N］．人民日报，2012-06-18.

式出台的第二部人权总纲。为了持续全面推进人权事业发展，实现充分享有人权的崇高目标，该计划对今后四年的发展目标、任务和具体措施做出了规划。

1. 政策引领，法治推进

二期行动计划将人权发展与国家事业结合起来，体现法律与政策的并驾齐驱、良性互动。

一方面，二期行动计划紧密结合国家“十二五”规划，将公共政策目标“权利化”，推动国家各项事业发展。例如，落实就业政策、完善工资制度、改善劳动条件、强化劳动安全，被确定为“保障工作权利”的任务；获得养老金、失业救济金等，被定义为“社会保障权利”。再如，二期行动计划积极回应舆论热点问题，包括公共服务均等化、反家庭暴力和性别歧视、教育资源的均等分配、保障性住房等，将人民基本生活水准权利、受教育权、环境权等视作基本人权而加以保障。这表明，我国的人权建设，更加注重将长远规划和短期目标相结合，将人权建设与经济、政治、文化、社会以及生态文明建设共同推进，为人权事业长远发展奠定基础。

另一方面，二期行动计划把人权发展纳入法治化、制度化轨道。2012 年 3 月 14 日新修订了《刑事诉讼法》，其中许多内容被直接写入二期行动计划或进一步细化。比如，在人身权利一节，二期行动计划强调要认真实施《刑事诉讼法》，调整和细化相关强制措施；在获得公正审判的权利中，强调完善辩护制度，保障辩护权利，排除非法证据。

2. 保障落实，加强教育

为保障实施落实，二期行动计划新增了“实施和监督”部分。今后四年，应继续加强实施一期计划过程中建立起来的“国家人权行动计划联席会议机制”，发挥执行、评估、监督和协调等核心作用。在政府组织之外，二期行动计划还鼓励新闻媒体、高校等社会组织，积极参与实施和监督。这意味着，人权保障不仅有法治范畴的依法保障，还有国家政策保障以及社会参与监督保障。

此外，注重培育尊重人权的社会共识和文化氛围，是二期行动计划的亮点。计划指出，今后要继续发挥高校及专家学者的专业优势，2015 年以前新增至少 5 个人权教育培训基地，以便培养人权事业后备人才，强化对公务员的人权培训。另外，二期行动计划还提出，要加强企事业单位中的人权教育，努力培育和形成我国的“企业人权文化”。

3. 中国特色，再添新章

二期行动计划体现中国特色的人权发展道路，符合中国国情。其高度重视社会权利，把保障生存权和发展权放在首位。① 实践证明，根据现实国情，这是保障和促进其他各项人权的前提和基础，也是人民最大的愿望和诉求。这体现了中国人权观的显著特点，即人权保障必须符合本国国情，包括经济基础、国民素养、传统文化等；也说明中国的人权事业再添新章。

（文/范阅倩）

政府力推创新型国家建设

中央出台系列政策，力推创新型国家建设。2012 年 5 月 28 日，中央政治

① 二期行动计划在导言中，明确了计划制定和实施的指导思想，其中之一是“继续把保障人民的生存权、发展权放在首位，着力保障和改善民生，着力解决人民群众最关心、最直接、最现实的权利和利益问题。”

局会议召开，研究深化科技体制改革、加快国家创新体系建设。5 月 30 日，国务院通过《“十二五”国家战略性新兴产业发展规划》（以下简称《发展规划》）。6 月 8 日，科技部发布《国家基础研究发展“十二五”专项规划》（以下简称《专项规划》）。

1. 体制改革：推动企业创新，优化科研体制

中央政治局会议指出，当前的科技体制已经制约了科技创新，影响了综合国力和国际竞争力的提升。其突出表现在：第一，在技术创新体系方面，企业主体地位尚未确立，产学研结合不够紧密，科技与经济“两张皮”问题没有解决；第二，在科研机制方面，资源配置过度行政化，项目及经费管理、评价导向不尽合理。为此，一要强化企业主体地位，促进科技与经济紧密结合。企业要在技术创新决策、研发投入、科研组织、成果转化中发挥主体作用，牵头产业目标明确的科技项目。二要优化科研体制，加强基础研究，建立科技资源开放共享机制。完善基础研究的运行和支持机制，纠偏人才评价机制，不唯论文、唯项目，要结合科研实力、创新成果。可以看出，科技体制改革关涉两个基本方面，即科学界要潜心基础研究、企业界要主导技术成果转化。

2. 基础研究：求真探源，自主创新

基础研究不仅是科技进步的先导，而且是提高自主创新能力的源头。只有搞好基础研究，提升原始创新能力，才能推动创新链和产业链的互动，转变经济发展方式。我国基础研究仍存在不足，重大原创成果少，管理体制机制落后，对经济发展的引领作用还需加强。因此，《专项规划》提出两大任务。一要瞄准科学前沿，围绕战略需求，布局学科发展，确定关键科学问题。例如，规划了 19 个学科的发展重点和主要任务；确定了前沿领域的 8 个重点

方向；围绕农业、能源、信息、资源环境、健康、材料、制造与工程、综合交叉等8个领域，着力解决关键问题。二要建设知识创新体系，创造有利于原始创新的环境，完善基础设施。例如，加大财政投入和经费监管，改进人才评价和激励机制。

3. 新兴产业：重点突破，企业主导

当今世界，新兴产业正成为引领经济社会发展的重要力量，成为未来国际经济科技竞争的制高点。与发达国家相比，我国新兴产业缺乏自主创新能力，缺少关键核心技术。因此，《发展规划》指出，一方面，要重点突破，选准方向，集中优势资源，促进重点领域率先发展。节能环保、新一代信息技术、生物、高端装备制造、新能源、新材料、新能源汽车等七大产业成为重点发展方向。另一方面，要加强企业技术创新能力建设。也就是说，既要激励企业增加研发投入，有效参与科技项目；又要加强成果转化，加速产业化，构建专利池、制定技术标准。

4. 攻坚阶段：强化创新主体，不走传统老路

根据《国家中长期科学和技术发展规划纲要（2006—2020年）》，到2020年，我国要进入创新型国家行列。而与美国、日本、芬兰、韩国等公认的创新型国家相比，我国各项有关指标还存在不小差距，创新型国家建设进入攻坚阶段。因此，中央把创新型国家建设作为面向未来的重大战略。并且，《发展规划》和《专项规划》分别规定了具体措施，体现决策者的良苦用心。我国只有加强基础研究，强化企业创新主体地位，才可能形成高附加值的产业体系，避免走高投入、高能耗、高污染的传统工业化老路。

不过，单凭政策支持，仍然无法实现上述目标。企业之所以未成为创新主体，根源在于企业能否发展壮大往往取决于资本与权力的关系而非自主创

新能力。如不改变这一局面，伴随新政策而来的，将是新的寻租行为和政企关系的进一步扭曲。

（文/李柯）

“老少边穷”地区发展提速

2012年3月至6月，中央和地方出台了一系列政策，力推老少边穷地区发展。2012年3月，国务院批复《陕甘宁革命老区振兴规划》，把老区建设纳入国家战略；5月28日，国务院出台《关于支持赣南等原中央苏区振兴发展的若干意见》，要求对原中央苏区加大政策扶持，加快新型工业化和城镇化进程，确保这些地区同步进入小康社会。陕甘宁边区、原中央苏区等老区，曾为中国革命做出重大贡献和巨大牺牲，现在党中央以政策、资金和专案对之进行扶持，既是为了促进区域经济发展，也是对革命老区的回馈。

1. 倾斜政策，激发区域经济活力

自2010年起，全国19个省市开始对口支援新疆。2012年5月30日，第三次全国对口援疆工作会议举行。与以往不同，此次会议除要求进一步推进民生、基础和环保设施等专案建设外，还要求把新疆视作向西开放的桥头堡和西部地区新的增长极。会议希望借助对口援疆，稳定当地经济增长、优化区域经济结构、实现新疆长治久安。就在同一天，由中、俄、朝、韩、蒙五国参与的中国图们江区域（珲春）国际合作示范区重点专案开工仪式举行。设置珲春国际合作区，将深化东北边疆经济的国际合作，加速振兴东北老工业基地，促进民族团结和边疆稳定。

2. 着眼民生，实施扶贫攻坚战略

老少边穷地区经济发展滞后，人民生活水平低下。在国务院于2011年将贫困标准提高到2300元后①，这些地区的扶贫任务更加艰巨了。2012年6月上旬，宁夏回族自治区召开第十一次党代会，提出推进百万贫困人口扶贫攻坚的任务，决定实施“四到”策略——“基础设施建设到村、扶贫产业到户、转移就业到人、帮扶责任到单位”，要求将扶贫指标具体到村、户、个人，将任务分配给党政事业单位，由单位人员与村、户、个人结成帮扶对子，一帮到底，“不脱贫，不脱钩”。下乡帮扶，体现了各级政府与人民群众血肉相连的政治观念，也确实能为基层带来政策、资金等方面的利好。

3. 发展宗教事业，维护边疆地区稳定

边疆地区往往是信教少数民族的聚居区，宗教状况直接影响着地区稳定和民族团结。6月4日至5日，国家宗教局召开经验交流会，探索宗教活动场所管理的新思路、新举措；4月至6月，全国妇联举办藏传佛教尼姑代表人士培训班，旨在帮助相关群体了解新国情，增强对中华民族的自豪感和认同感。6月11日发布的《国家人权行动计划（2012—2015年）》指出，要支持西藏、新疆等少数民族地区和边疆地区的宗教设施建设。这些措施的推行，有助于发展宗教事业、促进民族团结、维护地区稳定。

4. 担道义共发展，保稳定促增长

一方面，老少边穷地区在中国的政治历史版图上，地位特殊。它们有的

---

① 顾仲阳．扶贫标准上调至2300元[J]．人民日报，2011-11-30.

为革命事业做出了巨大牺牲，有的为东部地区率先发展做出了重大贡献。时至今日，这些地区发展的欠账问题已无法回避，政策红利继续忽视革命老区已于理不通；地缘政治、民族问题的新形势也对少数民族边疆地区的稳定构成较大影响。因此，加大对这些地区的投入刻不容缓。

另一方面，在经济版图上为这些地区找到存在感，有利于促增长、保稳定。由于地理位置、自然条件以及国家战略布局等原因，这些地区的建设长期较为滞后，区域经济社会发展差距太大，造成不少突出矛盾；加之全球经济增长放缓、我国经济下行压力加大，力推老少边穷地区发展，有助于扩大内需、稳定增长。

（文/张强）

出台财金新政扶持中小企业发展

2012年6月8日，银监会发布《商业银行资本管理办法（试行）》；6月14日，工信部、财政部联合印发《关于做好2012年中小企业发展专项资金有关工作的通知》。此前两个月，财政部和工信部曾联合下发《中小企业信用担保资金管理办法》《中小企业发展专项资金管理办法》两份文件。政府短期内如此密集地出台财金政策，意在推动《国务院关于进一步支持小型微型企业健康发展的意见》落实，通过降低信贷成本、加大财政扶持力度，帮助中小企业破解融资难题、实现健康发展。

1. 多重压力之下中小企业亟待破除生存困境

中小企业在吸纳劳动力、科技创新、促进经济发展、维护社会稳定等方面发挥着举足轻重的作用。据统计，2011年国内中小企业占企业总数的98%以上，新增就业岗位贡献率达85%，GDP贡献率为60%，新产品和发明专利占比分别为75%、65%。与此同时，受制于规模小、变化大、风险高等自身因素和日益恶劣的外部环境因素，中小企业发展面临诸多瓶颈：首先，融资难、贷款成本高带来“资金荒”，资金链一旦断裂，企业即濒临破产；其次，税费重、管制严、歧视多，企业经营面临巨大压力；最后，原材料价格攀升、劳动力成本高、产品价格下降，导致企业盈利空间缩小。此外，国内经济增速放缓，国际环境复杂严峻，欧元区经济衰退，美国经济复苏乏力，内外市场同时萎缩、形势不容乐观。多重压力叠加，对国内中小企业形成强烈冲击。2011年浙江等地纷纷出现中小企业倒闭潮，企业生存陷入困境，经营压力超过2008年金融危机时期。

2. 新政为企业搭建“输血”“造血”“供血”一体化财金支持

为缓解中小企业融资压力，此次出台的财政政策侧重于发挥现有专项资金的引导和带动作用，加大重点领域投入力度，而金融政策则鼓励商业银行面向中小企业发放贷款，扩大放贷规模，提高融资效率。具体体现在：第一，下调风险权重，引导银行放贷，直接向中小企业“输血”。《商业银行资本管理办法（试行）》规定，将小微企业贷款风险权重从100%下调至75%，显著降低了放贷成本，引导商业银行更多支持小微企业发展，有效服务实体经济。第二，利用专项资金，助力企业升级改造，提升企业“造血”能力。《中小企业发展专项资金管理办法》明确，专项资金用于支持中小企业，特别是小微企业的技术进步、结构调整、发展方式转变、就业扩大，以及服务环境改善等方面。专项资金采取无偿资助、贷款贴息方式进行，每个项目额度一般不超过200万元。第三，构建专门担保体系，拓宽企业融资渠道，扩大“供血”来源。中小企业“融资难”关键在于其缺少信用支持体系，导致贷款风险增加。《中小企业信用担保资金管理办法》规定，中央财政拨付专项资金来扶持担保机构发展，即该项资金专用于支持中小企业信用担保，使再担保机构增强业务能力，扩大对中小企业担保业务，降低担保费用，从而改善中小企业融资环境。

3. 纾解中小企业融资难题有赖深层次金融改革

政府利用“有形的手”，引导金融机构支持中小企业发展，并拨付专项资金扶持企业生存，在一定程度上可以解决企业缺乏资金的燃眉之急，缓解企业生存风险。但要从根源上解决融资难、贷款贵的问题，真正帮助中小企业走出困局，还需进行制度性改革，即通过推进利率市场化，逐步打破金融垄断，最大限度地拓宽融资渠道。例如，建立中小企业直接融资平台，允许企业通过发行企业债券、股票上市等形式完成直接融资；又如，健全间接融资体系，降低金融机构贷款门槛，扩大融资服务规模，缩短贷款周期；再如，完善法律制度，规范民间借贷，引导民间资本有序经营。唯有将“有形的手”和“无形的手”结合起来，中小企业融资难以及生存难问题才有望得到更好的解决。

（文/李琳）

7月　中央定调党的十八大

中央领导人在党的十八大前发表重要讲话

省级党委换届体现出执政党的用人新导向

国务院推动解决红十字事业危机

政府拟定公共服务体系制度框架

国务院印发《少数民族事业“十二五”规划》

中国战略性新兴产业“五年规划”面世

农村中小学布局将重新调整

中央领导人在党的十八大前发表重要讲话

2012 年 7 月 23 日，时任中共中央总书记胡锦涛在省部级主要领导干部专题研讨班开班式上发表重要讲话。讲话分析了当下我国面临的新形势、新任务，阐述了事关党和国家全局的若干重大问题，回答了党和国家未来发展的一系列理论和实践问题。[①] 此值党的十八大即将召开之际，胡锦涛这次讲话的主要目的在于统一党的高级领导干部乃至全体党员干部的思想，集中精神开好党的十八大、共同为发展中国特色社会主义事业做贡献。

1. 统一思想的宣言书

胡锦涛在讲话中重申要高举中国特色社会主义伟大旗帜，坚持中国特色社会主义道路、理论体系和制度，继续解放思想、改革开放，并强调这是党和人民在实践中开辟出来的正确道路。[②] 当时我国正处在变革和转型的重要阶段，各种深层次矛盾不断凸显，社会利益诉求日益多元，凝心聚力显得尤为重要。值此党的十八大即将召开之际，中央领导集体权力交接

---

① 深入学习领会胡锦涛同志重要讲话精神 把思想行动更好统一到中央重大决策上来［N］. 人民日报，2012-07-25.

② 资料来源同上。

在即，胡锦涛高举旗帜，凝聚共识，在指导思想上为党的十八大的召开定下基调。

2. 科学发展的动员令

胡锦涛此次讲话将时间回溯到了党的十六大，总结这十年来党的执政成就，在思想上勇于推进实践基础上的理论创新，形成和贯彻了科学发展观，为全面建设小康社会、加快推进社会主义现代化提供了有力的理论指导。同时，此次讲话还突出强调深入贯彻落实科学发展观是一项长期艰巨的任务。①

3. 治国理政的路线图

从此次讲话可以看出，坚持改革开放须贯穿始终，中国过去三十多年来取得的成就离不开改革开放，未来的发展也依然离不开改革开放，必须一以贯之地坚持下去。同时，胡锦涛此次讲话强调风险意识，提出了执政考验、改革开放考验、市场经济考验、外部环境考验等“四大考验”，并从经济、政治、文化、社会、生态、党建方面提出“六大建设”的治国理政路线图。② 习近平在专题研讨班结业式上的总结讲话中重申了胡锦涛讲话的要点，鼓舞了士气，提出了中国共产党执政拥有理论、政治、组织、制度和密切联系群众等“五大优势”，这可以看作是对“四大考验”的应对；同时，他还要求各级党组织和广大党员干部深入学习领会胡锦涛同志重要讲话精神。③

---

① 深入学习领会胡锦涛同志重要讲话精神　把思想行动更好统一到中央重大决策上来［N］. 人民日报，2012-07-25.

② 资料来源同上。

③ 资料来源同上。

4. 毫不动摇推进改革开放，实现全面小康目标

随着党的十八大会期的临近，中国各界人士对新时期中国共产党执政和改革思路的关注度与日俱增。胡锦涛和习近平此次的讲话在一定程度上稳定了党的十八大召开前的政治局势，也为党的十八大以后中国共产党的治国理政画出了初步路线图。尤其值得注意的是，习近平的讲话强调以在 2020 年如期实现全面建成小康社会为目标，“毫不动摇”地推进改革开放，[①] 这表明未来几年中央政策的大方向将是维持社会基本稳定。同时，胡锦涛和习近平二人都强调党中央所面临挑战的严峻性，这意味着在未来一段时期，党中央在维持社会基本稳定的前提下，可能会采取更多更具实质性的改革措施。然而，此次的讲话毕竟不同于党的十八大的政治报告，在具体的总结评价、执政理念和执政措施上，都没有特别明确细致的提法。对于中共中央第五代领导集体将如何发展和创新执政思路，值得关注。

（文/叶蕤）

省级党委换届体现出执政党的用人新导向

2012 年 7 月 30 日，中共中央组织部宣布，历时 20 个月的全国省市县乡四级党委换届工作已正式完成。当时我国正处在全面建设小康社会的关键阶段，深化改革开放、加快转变经济发展方式的攻坚时期，在党的十八大即将召开之际，执政党的中央领导集体交接班无疑是国家政治生活的一件大事，也是观察中国共产党选人用人新导向的一个重要窗口。

---

① 深入学习领会胡锦涛同志重要讲话精神　把思想行动更好统一到中央重大决策上来［N］. 人民日报，2012-07-25.

1. 注重班子梯队结构，扭转片面“年轻化”

自20世纪80年代邓小平针对干部队伍年龄老化及其知识、精力与新时期不相适应的情况提出“革命化、年轻化、专业化、知识化”[①] 的原则以来，年轻化便成为影响官员进退和各级领导班子年龄结构至关重要的因素，各地开始大批越级提拔年轻干部，有些地方甚至将“年轻”视作用人的绝对标准，高级干部到点退休的惯例也逐渐形成。时至今日，干部是否年富力强和年龄已不再有绝对关联。就省级党委来看，这种情形在本轮换届中有所改善。按惯例，省委书记、担任政府正职的副书记任职年龄上限一般为65岁，纪委书记为63岁，其他常委为60岁；在11至14名常委中，50岁以下的要有3名，45岁左右的要有1名。考察2011年10月至2012年7月履新的404名省委常委，完全达到上述年龄要求的只有安徽、新疆、西藏和重庆四地。在具体人选上，各省区市新晋常委普遍有2至3人，其中“60后”占绝对主力，另有不少已届通常退休年龄的资深常委留任，这使得现有省级领导干部的年龄结构呈现出“50后”（277人）为中坚与“60后”（117人）相搭配的态势，“40后”则会逐渐淡出。此外，上一次大换届时即有一批“60后”领导干部跻身省委常委，而现任省委常委中尚无一位“70后”。上述现象反映出执政党此时不再片面强调年轻化，转而重视合理配备领导班子梯次、充分调动各年龄段干部积极性的用人倾向，同样也折射出中国共产党已形成丰富、渐进的人才梯级，不再倡导大规模超常规提拔干部的行为。

2. 倾向文科背景，“工程师治国”色彩变淡

在31位省市区党委书记中，第一学历为文史类专业的比理工类的多了足

---

① 邓小平．邓小平文选（第二卷）[M]．北京：人民出版社1994年10月．

足两倍。无独有偶，在117位“60后”常委中，文科出身的竟有90人之多。另据统计，拥有博士学位的常委有约100人，其中83人是经、法、管、文、史、哲学博士，较理工类仍占绝对优势。上述省级党委书记和主要领导集体的专业背景在一定程度上说明，知识面较宽、思路更开阔的文科人才更适于应对当今复杂的执政局面，更易达至中组部要求的“政治家标准”，因而较受青睐。领导干部们的这种知识结构还预示着党的执政理念面临重大转变，即由坚持技术思维转向强调统管全域的“顶层设计”。另外非常值得留意的是，在100位拥有博士学位的常委中，有10人的学位是在不担任任何领导职务时获得的，有35名常委在获得博士学位后一年内便获提拔，这说明知识面宽、思路开阔的高学历领导干部已经成为执政党选人用人的重要关注对象。

3. 坚持“五湖四海”，同时更注重实绩

“五湖四海”[①] 作为一种政治修辞，最早见于1944年毛泽东的《为人民服务》，胡锦涛在中国共产党成立90周年大会上将其表述为一种干部选任原则[②]，即指任人唯贤，打破提拔干部的地域、行业、经历等偏见。一方面，现任省委常委们的籍贯遍布全国各省级行政区，从政或任现职前的经历多样，较好地体现了“五湖四海”原则。另一方面，“五湖四海”也要求获提拔之人有机遇展示自己的才能或有值得称道的政绩，这从书记们的籍贯分布比例可见端倪。领导干部事业的起步地一般为其原籍，而在31位党委书记中，出身东部沿海地区的有18位之多，出身中部地区的有11位，而来自西北部地区的只有2位，从西南三省走出的则是空白，这一籍贯分布和中国经济地理

① 毛泽东．毛泽东选集，第三卷［M］．北京：人民出版社，1991年6月．

② 认真学习贯彻胡总书记在庆祝中国共产党成立九十周年大会上的重要讲话［N］．人民日报，2011-07-02.

区域大致吻合，说明在发展先行地区的领导干部具有出政绩的便利，中央在选拔高级干部时，也并未将“五湖四海”理解为公平、倾斜或照顾原则，而是更为注重候任者的实绩。

省市县乡四级党委的换届顺序是自下而上的，省委换届尘埃落定意味着党的十八大前人事布局的圆满完成。省级最高领导干部关系着第五代中央领导集体执政初期思路的贯彻和中国全局的稳定，而自改革开放以来，中央政治局委员和常委大多从省委最高领导群体中产生，因此省委常委的人选至关重要，组织部门会根据选人用人标准进行严格考察，省委领导班子的选用提拔影响着中国的未来。

（文/李柯）

国务院推动解决红十字事业危机

2012 年 7 月 10 日，《国务院关于促进红十字事业发展的意见》（以下简称《意见》）出台，阐述了发展红十字事业的重要意义，并就着力推进红十字事业改革创新、积极支持红十字会依法履行职责等方面进行了详细规定。

1. 应对红会危机，探路社会事业改革

在长期的国家、社会一元体制下，我国没有社会事业或公益事业的概念，所有类似的职能都属于政府“社会管理”的内容。近二三十年来，这类职能逐渐从行政机关中剥离，交由社会团体和行业协会行使，但这些组织都带有准官方性质，其组成和运作方式与政府近似，中国红十字会就是其中代表之一。

红会所有的活动经费都来自各界捐赠，而近年来在天价帐篷、万元公务餐和郭美美炫富事件中暴露出来的挥霍善款和红会组织混乱等现象，令红十字事业陷入空前危机。面对危机，处理的妥善与否，不仅关乎红十字事业的发展，更决定了整个社会事业的走向。为此，国务院经过半年的酝酿出台的《意见》，目的在于通过对红十字事业的改革创新，为社会事业的改革、发展探索新的制度空间与运作模式。

2. 优化红会制度设计，加强信息公开

其一，《意见》的突出特色在于在政府主导下优化红会制度设计。首先，明确政府与红会的关系。《意见》要求，政府对红会起指导、监督和支持的作用，尊重红会独立依法行事，不干涉其自主权。红会则要成为独立的公益事业法人，依照《红十字会法》和《中国红十字会章程》开展其在社会公益领域负责的宣传、募捐、赈灾等公益活动。其次，优化制度设计，强化红会履职能力。其内容包括健全法人治理结构，优化决策和执行部门人员构成，完善专家咨询论证制度，建立民主决策机制，强化决策和监督职能等。

其二，《意见》要求红会加强信息披露，促进运行公开透明。《意见》要求红会严格执行信息公开制度，做到募捐、招标、资金使用等信息公开透明，切实保障捐赠人和社会公众的知情权、监督权；要求建立新闻发言人制度，及时、全面、真实、准确地向社会发布相关信息，及时回应社会关切的问题。在信息公开的基础上，《意见》强调要建立和完善法律、政府、社会和自我监督相结合的综合性监督体系。红十字会内部要建立社会监督委员会，对捐赠款物的管理、使用情况进行监督；建立绩效考评和问责机制，严格实行责任追究。

此外，《意见》还对营造支持红会工作的法治环境和政策环境、依法保护红会标志专用权、加强对红会的政策支持和财政支持、建立政府财政资金和

社会捐赠资金的分开管理制度等事项进行了细致规定。

3. 改革有成效，但也有局限

《意见》的出台回应了舆论对红会作为的广泛质疑，也使红十字事业发展有章可循。这次改革的目标在于优化红会内部管理，若想在大框架下对红会进行“去行政化”改造，是不现实的，原因在于，红会是一个享有大量象征性资源的团体，它与国际红会组织紧密相连，且在战时享有特权地位。因有这种特殊性，许多国家的红十字会都由国家领导人担任荣誉负责人职务，而实际主事者也多由政府官员担任，目的就是将这个特殊团体纳入政府的领导或影响之下。中国参照《公务员法》管理各级红会，其原因除了红会的社团性质外，尚有这一层逻辑。在当下，《意见》推动的改革是现实的。

（文/张强）

政府拟定公共服务体系制度框架

2012 年 7 月 11 日，国务院发布《国家基本公共服务体系“十二五”规划》（以下简称《规划》），首次列明政府提供基本公共服务的义务清单和履职路线图。与此同时，《社会保障“十二五”规划纲要》、《集中连片特困地区交通建设扶贫规划纲要（2011—2020 年）》等文件相继发布，透露出我国致力于构建制度化公共服务体系的强烈信号。

1. 明确概念内涵，确立总体构想

《规划》首先明确了基本公共服务的概念和范围。所谓基本公共服务是指

在一定经济社会条件下和发展期内，由政府主导，旨在保障全体公民生存和发展基本需求的公共服务。而这一《规划》的范围也确定在公共教育、就业服务、社会保险、社会服务、医疗卫生、人口计生、住房保障、公共文化八个领域。同时《规划》确立了让人民群众“学有所教、劳有所得、病有所医、老有所养、住有所居”的总体构想，并在上述八个领域以及残疾人基本公共服务上确定了44类共80个项目，同时明确了每一项基本公共服务的国家基本标准。

2. 厘清央地权责，实现城乡均等化

《规划》还明确界定了中央与地方政府的事权和责任的分配，强化了省级政府的责任，要求国家发改委对计划实施进行监督，并向国务院提交报告，以适当方式向社会公布。这些措施构成了国家基本公共服务制度的总体框架，将有力保证《规划》提出的相关目标的实现。同时《规划》系统部署了跨城乡全覆盖的社保体系。社会保障是政府提供的最基本的公共服务。当时的社保体系是呈“碎片化”的，它按城乡、户籍、身份分别设置不同险种和差别对待不同人群，不仅造成了巨大的不公平，也阻碍了社保关系的自由转接，阻碍了劳动力资源的跨地域、跨行业流动，在一定程度上加剧了就业困难。6月底，国务院批示转发了人力资源和社会保障部牵头制定的《社会保障“十二五”规划纲要》，大力开展城乡一体化社保体系建设，打破身份、户籍障碍，系统解决体系化问题。

3. 推进交通扶贫制度化，建设特困区高速公路网

行路难不仅一直困扰着秦巴山区、武陵山区、六盘山区等集中连片特困地区群众的生活，更是使他们难以脱贫的重要因素。由于这些地区地理环境复杂，地方政府财力有限，建成跨区域的发达路网通常是种奢望。破解交通

阻隔不仅是基本公共服务的主要内容，亦是推进扶贫开发的重要方式，高层级政府理应出手强力推动；修路是件耗时良久的工作，须有制度保障方可顺利完成。7 月 13 日，交通运输部会同几个省政府专门就此发布《集中连片特困地区交通建设扶贫规划纲要（2011—2020 年）》，力争到 2020 年，基本建成集中连片特困地区内的国家高速公路网。

此次《规划》的出台是构建社会主义和谐社会，维护社会公平正义的迫切需要，是全面建设服务型政府的内在要求，也是全面落实科学发展观的重大举措，对于保障和改善民生，提高我国基本公共服务的质量和水平，真正让发展的红利惠及全体人民具有重大的现实意义。

（文/邵六益）

国务院印发《少数民族事业“十二五”规划》

2012 年 7 月 12 日，国务院印发《少数民族事业“十二五”规划》（以下简称《规划》），为未来少数民族事业发展提出要求并提供政策支持。我国是一个统一的多民族国家，国家的进步有赖于各民族的共同发展，但不可否认的是，一些少数民族地区受制于经济基础、地域环境、受教育水平等因素依然相对落后。着眼于此，《规划》聚焦于以下三个方面：

1. 发展民族地区经济社会事业

为改善民族地区经济发展滞后、基础设施不完善、公共服务水准低下、科教水准不高的现状，《规划》郑重承诺推动民族地区加快发展，提高民族地区基本公共服务水准；加强少数民族各类人才队伍建设，提升民族地区发展的智力支撑能力。

2. 保护民族文化传统

少数民族有自身独特的历史和文化，这是一个民族的精粹，亦是人类的巨大财富。近年来，少数民族面临着语言逐渐濒危、典籍散佚、传统工艺失传等问题。为使少数民族文化传统得到保存和弘扬，《规划》提出实施传统工艺和技术保护工程，并决定开展濒危语言抢救、民族古籍和文物保护工程等；此外，还要求在本民族中加强特色教育，培养民族文化人才。

3. 巩固民族平等团结

实现民族平等和团结的根本目的在于通过爱国主义和民族团结意识的强化，最终实现中华文明的伟大复兴。但由于各民族发展水准各异，历史、文化相殊，如何实现民族平等团结是我们要考虑的重要问题。长期以来，我们党对巩固民族团结非常重视，这方面的工作取得了良好的效果，中央仍然保持了原有政策的连续性：其一，加强民族地区干部队伍建设，继续保证民族区域自治的顺利实施；其二，维持和强化少数民族特色，建立相应的民族矛盾和问题的特殊解决机制。可见，中央对民族关系的处理方式仍较为稳健。

对于多民族的中国来说，全民族的大团结和共同发展是整个国家繁荣稳定的基石。发展是硬道理，促进少数民族经济社会发展依然是我国少数民族工作的当务之急，从《规划》来看，这一点得到了坚持和进一步发展。但同时应当看到，民族传统文化的保护和发展也愈发重要，同时民族发展的各项政策始终要以全民大团结为根本目标，不能只顾发展而忽视民族分裂隐患，这在《规划》中也得到了回应。《规划》针对少数民族事业提出了全方位的要求，为“十二五”期间促进民族事业发展指明了方向。

（文/张强）

中国战略性新兴产业“五年规划”面世

2012年7月9日，国务院发布《“十二五”国家战略性新兴产业发展规划》（以下简称《规划》），为加快培育和发展节能环保、新一代信息技术、生物、高端装备制造、新能源、新材料和新能源汽车等战略性新兴产业制定了路线图。

1. 机遇挑战并存：发展战略性新兴产业正当其时

在当时国内经济运行下行压力加大的情况下，发展战略性新兴产业，对于改变粗放式发展方式，缓解资源、能源和环境压力，稳定增长、带动就业，保持经济长期平稳较快发展具有重要意义。“十二五”期间，发展战略性新兴产业既面临难得的机遇，也存在严峻的挑战。一方面，国内消费快速增长，科技创新能力明显增强，为战略性新兴产业发展提供了广阔空间与良好基础；另一方面，中国战略性新兴产业自主创新发展能力与发达国家相比还存在较大差距，关键核心技术严重缺乏，标准体系不健全；投融资体系、市场环境、机制体制政策等还不能完全适应战略性新兴产业快速发展的要求。

2. 深化产业布局：突出重点，促进七大产业协同发展

2010年8月，国务院在《关于加快培育和发展战略性新兴产业的决定》（以下简称《决定》）中，首次提出国家发展战略性新兴产业的基本思路和产业政策。《决定》将节能环保、新一代信息技术、生物、高端装备制造、新能源、新材料和新能源汽车七个重点领域作为我国战略性新兴产业战略布局的重点，并提出强化科技创新、积极培育市场和深化国际合作三大任务。相较于《决定》，《规划》则结合行业特点，分别制定了七大产业的发展方向、主要任务与发展路线图。例如，对于节能环保产业，明确“突破能源高效与梯

次利用”“污染物防治与安全处置”“资源回收与循环利用”等关键核心技术的发展方向，分别对节能高效产业、先进环保产业、资源循环利用产业等提出发展要求，并将2015年与2020年作为两个时间节点，设定相应的发展目标。为落实产业政策，《规划》设立了包括宽带中国工程、高性能医学诊疗设备工程等在内的二十项重大工程，并对每项工程提出了具体的发展目标和举措。二十项工程既是对七大产业领域任务目标的落实细化，也是打通各领域之间界限、融通各行业技术、促进七大产业协同发展的重点布局。

3. 新产业新思路：技术、商业、体制三重创新助力产业发展

对于战略性新兴产业而言，其发展不能沿用发展传统产业的思路，需通过技术创新、商业模式创新和体制机制创新来实现。在技术方面，发展传统产业时，可以参照国外成功经验，采取“拿来主义”；但在战略性新兴产业发展方面，国际上没有现成的模式和经验可以套用，必须依靠自主创新；在商业模式方面，在加大财税金融政策扶持的同时，要充分发挥市场在资源配置中的基础性作用，营造良好的市场环境；在体制机制方面，需要注重优化政策环境，激发市场主体积极性。新兴产业的培育和发展是一个长期、持续的过程，其技术更新换代快，往往存在一定的技术和投资风险，这就要求政府不能仅关注少数技术，过分追求这些技术的产业化规模，而要重视技术创新能力的提升与产业体系的完善。

（文/杨煜超）

农村中小学布局将重新调整

2012年7月22日，教育部出台《规范农村义务教育学校布局调整的意见

（征求意见稿）》（以下简称《意见》），规定了农村义务教育学校设置的宏观原则与程序，并对寄宿、走读、教学点、学生上学时间以及校车等具体问题做出了详细规定。

1. 政策背景：从“撤点并校”到重新布局

20 世纪 80 年代中期以前，中国农村学校布局基本以“村村有小学，乡乡有初中”为原则，学生可就近入学，但自 2001 年国务院下发《关于基础教育改革与发展的决定》后，各地展开了大规模的“撤点并校”行动。2002 年和 2003 年，国务院和财政部又分别下达了《关于完善农村义务教育管理体制的通知》和《中小学布局调整专项资金管理办法》，进一步推动“撤点并校”。

上述政策施行的十余年间，农村小学减少了三十余万所，占同时期全国小学总减少量的 81.3%。撤点并校的初衷是节约、优化农村教育资源配置，然而一方面，导致出现许多学童上学路途过于遥远、部分学校人满为患等问题；另一方面，频发的校车事故亦是学校布局不合理这一现象的反映。政府出台了多项措施，力图解决这些问题。

2. 重新规划农村中小学布局，重点解决校车问题

其一，重新规划农村中小学布局。《意见》指出，农村义务教育学校布局要保障学生就近上学的需要，确因生源减少需撤校的，县级政府要严格履行撤并方案的制定、论证、公示、报批等程序，在省级政府批准前不得撤并。多数家长反对的、撤并后学生交通安全得不到保障的、基础设施达不到条件的，均不得强行撤并。《意见》同时对如何恢复已撤并学校进行了规定。

其二，重点解决校车问题。撤并学校在一定程度上令校车成为必须，但由于缺乏政府规制或行业标准，很多校车的安全性并无保障，近年来交通意外事故频发，引起各界高度重视。2012 年 4 月初，《校车安全管理条例》出

台。8 月6 日，教育部等20 个部门联合发布《关于贯彻落实〈校车安全管理条例〉进一步加强校车安全管理工作的通知》，规定在有必要提供校车服务的地方，以县为单位制定校车服务方案，并设置了一定的过渡期，要求县级政府在此期间加强对临时校车的监管，过渡期结束后要采用符合国家校车标准的专用校车，配备专门驾驶员；还对2012 年秋季开学后的专项治理活动进行了部署。据悉，国务院已经批复同意由这20 个部门组成校车安全管理部际联席会议，在国务院的领导统筹下协调全国校车安全管理工作。

3. 政策影响：矫正过犹不及，效果有待观察

教育是推动国家繁荣发展的保证，但直到2012 年，国家财政教育经费支出才有望达到国内生产总值的4%，仍旧大大低于发达国家水准，甚至也低于世界平均水准（4.9%）。伴随着投入不足的是资源配置的极度不均衡。撤点并校一方面是政府有意为之，另一方面也是农村中小学教育资源极为有限所致。再度规范撤点并校行为以及适当恢复已撤学校的政策，无疑是政府优化农村教育基础设施的良善之举，然而若考察政府从过犹不及到出手矫正等一系列动作便不难发现，行政决策过程当中尚缺乏对政策效果进行评估的环节，以至于从一开始就忽略了被迫寄宿、危险校车等负效应发生的可能性。如何举一反三，改进政府决策机制，亦是必须考虑的大问题。

（文/邵六益）

8月 国家推动新医改提速

党的十八大选举集中反映党内民主新发展

中国启动建立城乡居民大病保险制度

党的十八大选举集中反映党内民主新发展

2012 年 8 月 14 日，中央外宣办举行新闻发布会介绍中国共产党第十八次全国代表大会代表选举工作情况，向外界集中展现党的十八大选举过程中的新气象，体现出中共中央推动党内民主和政治改革的思路和决心。

1. 发展党内民主：巩固执政地位、推进政治改革的重要措施

对党内民主的强调源于中国共产党对自身结构变化的认识，以及对其执政风险的警惕，并将成为中共中央推进政治改革的重点。2009 年 9 月，党的十七届四中全会通过《中共中央加强改进新形势下党建若干重大问题的决定》，要求积极发展、切实推进党内民主，完善党的代表大会制度和党内选举制度，为今后一个时期的党内民主建设提出了纲领性要求。胡锦涛在 2012 年省部级主要领导干部专题研讨班的讲话中指出，新形势下，党所处历史方位和执政条件、党员队伍组成结构都发生了重大变化，来自外部的风险前所未有，党的建设方面特别是党员、干部队伍出现了许多亟待解决的突出问题，全党要增强紧迫感和责任感，坚持党要管党、从严治党，确保党始终成为中国特色社会主义的坚强领导核心。① 在 6 月召开的全国创先争优表彰大会上，

① 胡锦涛．沿着中国特色社会主义伟大道路奋勇前进［N］．检察日报，2017-07-24.

习近平也再次强调党内制度建设，要求必须以民主集中制为核心，坚持和完善党的领导制度，改革和完善党的领导方式和执政方式。① 以选举为核心的党内民主发展状况与中国共产党执政地位的巩固息息相关，也必然成为中国共产党推进政治改革的重中之重。党的十八大代表选举、尚未进行的中央委员选举，以及之前一个阶段持续开展的各级党委换届及代表选举，可谓是近年来推进党内民主发展的重要标志。

2. 注重结构平衡：切实优化中国共产党“代表性”

中国共产党代表着中国最广大人民的利益，是最广泛的价值共同体。而要实现各种利益的均衡，则需党内代表在利益结构、行业属性等方面具备广泛的代表性。党的十八大代表选举进一步优化了代表结构。早在选举工作展开前，中共中央就曾明确提出要提高基层一线党员、先进模范党员以及工人党员代表比例的要求。从选举的结果看，当选代表中领导干部比例有所下降（占69.5%，比党的十七大时降低2.1个百分点），生产和工作第一线党员代表比例有所上升（占30.5%，比党的十七大时提高了2.1个百分点）。工人党员由党的十七大时的51名增加到169名（包括农民工党员26名），占7.4%。全体代表中1976年11月以后入党的占72.2%，比党的十七大时大幅提高，这意味着改革开放以后入党的党员已成为党的十八大代表的主体。

3. 推广差额选举：选举工作的重大改善

代表和委员的选举在程序上也有所发展，其中最值得关注的是差额选举制度的推广。“差额选举”贯穿了党的十八大选举工作的全过程，让人

---

① 习近平. 始终坚持和充分发挥党的独特优势[J]. 求是，2012(15).

耳目一新。中共中央要求本次大会代表选举“差额比例多于15%”，高于党的十七大时的“不少于15%”和党的十六大时的“多于10%”。早在代表候选人遴选时，组织部门即首次采用了差额考察的方式，全国31个省区市差额考察比例平均达到13.4%。更重要的是，第十八届中央委员会也要采取差额选举的办法产生。虽然对其比例尚无明确要求，但这已引起了社会的广泛关注。除了差额选举制度的推广外，党的十八大选举工作的改善还包括新闻媒体全程跟踪报道，向社会公开选举情况，实现“阳光选举”，以及在组织考察、人选公示等五个环节中层层筛选，防止“带病提名”等。

在转型时期，为了巩固执政地位，中国共产党必须进一步加强党的建设。正如党的十六大报告所指出的，“党内民主是党的生命”，一方面，中国共产党可以通过党的十八大的选举工作实现党内民主制度的创新和完善，另一方面，此次选举由于级别高、影响力大，所以有助于所推出新做法的巩固和推广。因此，党的十八大选举集中所反映出的党内民主，尤其是选举制度的新发展，无疑预示着未来一个时期中国共产党自身建设及中国政治改革的方向所在。

（文/叶蕤）

中国启动建立城乡居民大病保险制度

2012年8月30日，国家发改委等六部委联合发布《关于开展城乡居民大病保险工作的指导意见》（以下简称《意见》）。《意见》对城乡居民大病保险的筹资机制、保障内容、承办方式和监管工作等方面提出原则性要求，旨在建立中国的大病保险制度，解决因病致贫、因病返贫等社会问题。《意见》的落实是健全中国全民医保体系进程中极为重要的一环。

1. 病有所医却因病致贫，社会痛点呼唤政策回应

自2009年中国启动“新医改”① 至今，全民医保制度的框架已初步建立。据统计，截至2011年底，城乡居民参加三项基本医保②的人数已超过13亿，覆盖率达到95%以上，民众“病有所医”基本得到保障。但由于基本医保报销比例不高且有封顶、医疗费用相对收入增速过快、民众患大病发生高额医疗费用后个人负担很重等原因，类似“私刻公章救妻案”③、“孝子”买农药助母安乐死、八旬老母拾荒为儿还债等事件频发，并屡屡成为舆论焦点，凸显出群众对生命健康的焦虑情绪，反映出“辛辛苦苦三十年，一病回到解放前”的残酷现实。政府于此时启动建立大病保险制度，旨在回应上述民生“痛点”，解决民众反映强烈的因病致贫、因病返贫等社会问题。

2. 新政思路：减轻负担、放宽标准、政社合作

《意见》分为七个部分，其中值得关注的重点有：第一，在筹资机制上，明确规定大病保险资金从现有城镇居民医保基金、新农合基金中按一定比例或额度划出，不额外增加个人缴费负担，并提高大病医保的统筹层次，规定由市级或省级部门统筹。第二，在保障内容上，一是根据医疗费用而非医学标准来界定“大病”。即只要城镇居民、农民当年个人负担医疗费用分别达到当地城镇居民年人均可支配收入、农民年人均纯收入时，就判定其符合“大病”标准，便可在基本医保已报销额度外按大病保险再次报销。这意味着民

---

① “新医改”的启动以2009年3月17日中共中央、国务院发布《关于深化医药卫生体制改革的意见》为标志。

② 三项基本医保即城镇职工基本医疗保险、城镇居民医疗保险与新型农村合作医疗保险。

③ 王彬．丈夫为救妻私刻公章免费透析数百次面临刑责［N］．北京晨报，2012-07-12.

众可以在治疗“大病”的方法和用药上超出基本医保范围。二是规定大病医保的实际报销比例不低于50%，并规定按医疗费用高低分段制定支付比例，原则上医疗费用越高支付比例越高。第三，在运作模式上，采取政府主导、商业保险机构承办的方式构建大病保险制度。政府负责制定大病保险的基本政策，通过公开招标选定承办机构并对其进行监管指导；而承办机构则按照政府的要求，为参保人提供相应服务，自担风险，自负盈亏。针对商业保险机构承办大病保险的保费收入，按现行规定免征营业税。引入商业保险机构来运作公共医疗服务，体现了政资合作、政社互动的公共治理新思路。

3. 新政落地与公立医院体制改革联动推进

中国启动建立大病保险制度，一方面，弥补了全民医保体系的短板，通过制度性安排提高了基本医保的保障效用，有望减轻民众大病医疗的费用负担，防止因病致贫、因病返贫现象再度频发；另一方面，开创了“政府主导、专业运作”的医保新模式，有利于通过发挥市场机制作用，提高公共服务水平。然而与此同时，潜在问题不容忽视。其中最大的挑战在于，在公立医院普遍“以药养医”而基本医保基金统筹层次较低的背景下，新政提高大病保险报销范围、比例，可能诱发更多的过度医疗现象，使得医保基金面临费用增长过快的巨大压力，甚至入不敷出。因此，要让大病保险真正从文件纸面走进百姓民生，还应加快公立医院体制改革，控制不合理诊疗和用药行为，加强医疗费用监控，以形成联动推进效应。

（文/张强）

9月　地方推行碳交易试点工作

钓鱼岛问题之中国态度

我国向联大表达外交政策基本立场

政府提出城镇化新思路

组织部门酝酿“大学生村官”新政

部分地方开展碳交易规则创新试验

中国创新体系建设进入新阶段

钓鱼岛问题之中国态度

2012年9月10日，日本政府宣布“购买”钓鱼岛及其附属的南小岛和北小岛。对此，中国政府采取了一系列反制措施，其间的立场和态度鲜明，反映出新形势下中国处理领土及国际关系问题时的基本态度和立场。

1. 归属问题：立场清晰一致，表态坚决

日本宣布购岛后，外交部迅速发表声明，表示日本政府的购岛行为属非法无效，不能改变中国对钓鱼岛及其附属岛屿拥有主权的事实，中国对钓鱼岛拥有无可争辩的主权，中国政府“不会坐视领土主权受到侵犯”。多位国家领导人都在短时间内明确重申了中方立场，即钓鱼岛是中国固有领土，在主权和领土问题上，中国政府和人民绝不会退让半步。中日钓鱼岛争端虽然由来已久，但在1972年两国恢复邦交的谈判中，双方曾达成重要谅解，同意暂时搁置钓鱼岛列岛归属问题；20世纪70年代末期，中国在钓鱼岛问题上所持的立场是“搁置争议，共同开发”；20世纪90年代初，邓小平对中国周边的争端问题制定了“韬光养晦，有所作为”的方针。[①] 可以说，中国政府此番

① 中共中央文献研究室．邓小平年谱（1975—1997）［M］．北京：中央文献出版社，2007年9月．

对钓鱼岛问题的表态很强硬，在领土主权问题上的态度更加清晰坚决。这与日方非法窃取中国领土的卑劣行径与中国国内激奋的民族情绪，以及与中国近年来国际地位的不断提高都不无关系。

2. 应对举措：表态坚决、密切关注

日本宣布“购岛”后，中国政府主要的应对措施包括：公布中国钓鱼岛及其附属岛屿的领海基点基线；派遣海监船抵达钓鱼岛周边海域，“视情况开展维权行动，宣示主权”；派遣渔政船开展巡航护渔；发表《钓鱼岛是中国的固有领土》白皮书；出版钓鱼岛及附属岛屿专题地图；印发《中央海岛保护专项资金管理办法》等。这些应对措施相对而言比较谨慎。中国国防部对日本的行为表示谴责，在谈及对策时表示将“密切关注事态发展”，“中国军队有能力维护国家的领土主权和海洋权益”。

3. 基本态度：立场坚定，手段谨慎

中国对钓鱼岛及其附属岛屿领土主权的姿态基本可以概括为立场坚定，手段谨慎。这是政府处理重大争议问题时的一贯风格，但也反映出当下中国面临的严峻挑战。面对复杂的国际环境，中国对国际法和当代国际秩序的把控仍然存在不足；另外，在处理领土问题和国际事务时，中国还必须兼顾国内局势，尤其是在党的十八大召开之前，要在不影响大局的前提下处理好钓鱼岛问题，显然需要高度的政治智慧。因为钓鱼岛问题并不是孤立的，它牵动着国家的整体战略。一方面，中国已然进入大国之列，在许多国际问题上需要表现出比以往更清晰的立场和态度；另一方面，作为一个有着复杂结构的大国，在钓鱼岛等领土主权问题上不可能一味拖延，而必须尽快找到与大国身份、发展状况、文化传统相匹配的解决之道。

（文/叶蕤）

我国向联大表达外交政策基本立场

2012年9月19日，外交部发布《第67届联合国大会中方立场文件》（以下简称《立场文件》），阐明中方在有关事项上的态度，亦可视作对和谐外交观的全面表达。和谐世界理念是我国当时最为系统的国际观，它建立在中国传统思想、国际主义和国内和谐社会实践的基础上，致力于建立普遍发展、共同繁荣与持久和平的国际格局。2005年9月，胡锦涛在联合国首脑大会上首次提出“和谐世界”的理念①，表达了中国对全球秩序的基本构想，“和谐”由此正式成为第四代领导集体外交政策的中心思想。此次发布《立场文件》，再一次向世界表达了这一外交理念。

1. 坚持国家平等自主论，尊重民族自决权

国家间地位平等是和谐世界的基石，独立自主的外交政策与1955年万隆会议提出的“求同存异”方针正是这种国家平等自主论的直接体现，其基本精神为《立场文件》所坚持，认为和谐的国际环境只可能建立在互相尊重和平等的国家关系上。面对当前叙利亚危机、南北苏丹战争和巴勒斯坦国内冲突和民族矛盾等，《立场文件》宣布中方尊重各国人民的自决权，希望尽快实现民族和解，反对外部武力干涉，反对强行推动政权更迭。对于阿富汗、利比亚等战后重建国家，中方坚持应由当地政府和人民自主选择适合国情的发展模式，反对其他国家肆意干涉。

2. 注重国际合作，促进世界和平与发展

各国在政治、经济、文化等重要领域全面合作、相互包容是和谐世界的

---

① 胡锦涛．努力建设持久和平、共同繁荣的和谐世界［N］．人民日报，2005-09-15.

理想图景。《立场文件》在此方面坚持推动国际关系民主化，主张通过协商和谈判解决朝鲜和伊朗核问题、地区争端以及国家间矛盾；主张通过多边合作共同打击恐怖主义和国际犯罪，应对国际环境、气候、能源等危机；依靠协商与合作，实现南北对话和南南合作，建立良性发展伙伴关系和多边贸易体制；提倡尊重世界文明多样性。

3. 支持联合国改革，构建国际新秩序

面对多极化的国际环境，《立场文件》表示支持联合国及其安理会通过改革，提高权威和效率，保障发展中国家的发言权和增强中小国家的代表性，改革的目标在于加强联合国的地位，使其在国际事务中发挥核心作用，由联合国主导逐步建立国际政治经济社会新秩序，构建和谐世界。

4. 和谐世界，自然选择

2012 年的《立场文件》全面表达了中国近年来明确坚持的和谐外交观念。有学者认为这是一种防御性外交战略，之所以要秉持这种理念是因中国不够强大，仍需“韬光养晦”“不折腾”，以求得国内发展所需稳定的外部环境；也有评论批评中国外交无原则，缺乏坚定的国际正义观，消极应付，逃避国际责任；有些国家更是鼓吹“中国威胁论”，断定中国避开争端，为的是积蓄力量、图谋争夺世界霸权。实际上，《立场文件》所表达的内容源于中国一直坚持的国家平等自主观，走和平发展道路、尊重各国独立自主，主张联合国主导建立以和谐世界为尺规的国际新秩序是中方的自然选择，在较长一段时期内不会发生根本改变。

（文/张强）

政府提出城镇化新思路

2012年9月20日，时任国务院副总理李克强出席省部级领导干部推进城镇化建设研讨班学员座谈会，强调城镇化是我们最大的内需潜力所在，没有农业和农村的稳定和发展，就不可能有城镇的发展和繁荣。[①] 9月25日，全国资源型城市与独立工矿区可持续发展及棚户区改造工作座谈会在北京召开，李克强在会上提出要着力破解城市内部二元结构难题，带动内需扩大和就业增加，走可持续的新型城镇化道路。[②] 李克强在多个场合反复强调推进新型城镇化建设，标志着政府在有关问题上的思路正在逐渐成形。

1. 破解城市内部二元结构，扩内需促就业

据国家统计局资料显示，截止到2011年底，我国的城镇人口比例达到51.27%，首次超过农村人口，与此同时，城市的过度发展所带来的治理困难、城市内部二元结构形成、城乡差距扩大等问题的出现，也意味着中国城镇化必须另走一条有别于以往的发展道路。城市中大量的外来务工人员与其他低收入人群一起构成了二元结构中的弱势一方，政府明确提出城市内部存在着二元结构尚属首次。另外，资源型城市和独立工矿区由于存在着大量因产业结构调整而下岗的工人或农民工，二元结构问题尤为严重。对此李克强希望，要以棚户区改造为契机，促进城

---

① 李克强出席省部级领导干部推进城镇化建设研讨班学员座谈会并讲话[J]. 行政管理改革，2012(10).

② 中共中央政治局常委、国务院副总理李克强强调：把资源型城市转型和棚户区改造作为推进新型城镇化的重要任务[J]. 中国勘察设计，2012(10).

市振兴。

2. 以户籍、土地制度切入，解决农民进城难题

户籍制度导致已进城和将进城的农民无法享受和城镇居民同等的待遇，造成就业和生存状态难题，严重影响经济社会发展。2012 年 2 月，《国务院办公厅关于积极稳妥推进户籍管理制度改革的通知》出台，要求对城市中存在的以城乡二元结构为基础的相关制度进行整改。李克强在 9 月 25 日的会议上也进一步要求降低农民工进城门槛，使进城务工人员真正融入城市，使这部分人能够共享城镇化发展的成果。[①]

3. 推进农业现代化，促进城乡协调发展

李克强在 9 月 20 日召开的省部级领导干部推进城镇化建设研讨班学员座谈会上强调，新型城镇化建设需要来自农村的人力物力支持，没有农业和农村的稳定和发展，就不可能有城镇的繁荣。而新型城镇化必然要求城市以科技等力量反哺农村，推动新型农业的发展，以纾解粮食安全难题，促进城乡协调前进。[②]

4. 新型城镇化指标多元，挑战传统领导干部考核制度

城镇化是与中国的社会转型紧密关联的，是当下中国的历史性变迁的组成部分，而新型城镇化能否克服以往道路的许多弊病，能否妥善处理涉及中央与地方以及各地之间的复杂关系和利益冲突，无疑是领导集体面临的挑战。

---

① 中共中央政治局常委、国务院副总理李克强强调：把资源型城市转型和棚户区改造作为推进新型城镇化的重要任务［J］. 中国勘察设计，2012(10).

② 李克强出席省部级领导干部推进城镇化建设研讨班学员座谈会并讲话［J］. 行政管理改革，2012(10).

另外，新型城镇化的指标是多元的，是包括经济、社会、环境、文化等在内的一个综合体系，其所要求的社会和谐、环境品质以及城市文化特色的传承都是富有弹性的标准，若不调整现有的领导干部考核制度，各级政府很难真正摆脱与新思路不符的粗放型发展方式。

（文/邵六益）

组织部门酝酿"大学生村官"新政

2012 年 9 月 12 日，中央政治局委员、书记处书记、组织部长李源潮出席会议部署落实《关于进一步加强大学生村官工作的意见》（以下简称《意见》），要求到 2015 年，全国一半以上的行政村须配备大学生村官。①

1. "大学生村官"制度由来已久，渐趋成熟

中国部分地区自 1995 年起便开始有意探索推动大学生到农村基层任职，2005 年，中共中央办公厅、国务院办公厅下发《关于引导和鼓励高校毕业生面向基层就业的意见》，确立了中央在有关事项上的基本方针。这一阶段的政策主要是应急式的，即拓宽就业管道，同时破解因农村空心化造成的基层治理困境，着眼点在于鼓励大学生送技术、资讯下乡，设定的专案多带有志愿服务性质，导向性亦强于常规性。2008 年，"大学生村官"方作为一种制度被正式确定下来，并被赋予了改善基层人才结构、培养后备党政干部的重要功能。为进一步完善政策，2012 年 7 月 29 日，中组部会同中央编办、教育部、财政部、人社部、国家公务员局等共同出台了《关于进一步加强大学生

① 总结经验、完善政策、健全机制，更好为新农村建设培养骨干力量[EB/OL].(2012-09-13)[2017-10-10].http://cpc.people.com.cn/n/2012/0913/c64094-18994703.html.

村官工作的意见》。

2. 明确岗位性质，强调战略定位

大学生村官自始就带着准志愿者的色彩，具体定位一直不甚明朗，管理考核无从谈起，结果便是有相当比例的村官被借调他处，长期不在村，也有不少人无事可做，蹉跎度日，这种情形严重违背了政策初衷。对此，《意见》在行政管理上首次明确大学生村官岗位性质为“村级组织特设岗位”，是国家开展的选派专项，其工作管理及考核比照公务员的有关规定进行。李源潮在9月的会议讲话中更是着重指出，大学生村官制度的“核心目的是为党政干部队伍培养后备人才”，要“逐步实现选调生（组织部门有计划地选拔和重点培养的、作为党政领导干部后备人选的本科以上毕业生）工作与大学生村官工作并轨”。[①] 这也是政府首次确认大学生村官作为储备干部的角色要优于作为新农村建设推动者的角色。

3. 注重实际使用，发挥人才优势

和上述定位相匹配，《意见》对有关方面和大学生村官本身提出了不同的任务。《意见》首先要求地方政府给大学生村官更多实践历练的机会，培养其独当一面的能力，尽早让他们进入村“两委”班子并明确分工，并鼓励和支持他们参选村支部书记、村委会主任。《意见》指出，经过3至5年的努力，每个乡镇平均要有2名左右大学生村官担任村“两委”正职尤其是村党支部书记。而以深入了解基层、锻炼执政能力为核心，《意见》明确要求大学生先熟悉政策、走访农户、开展调研、学习技术，然后须推动开办合作社、自主

---

① 总结经验、完善政策、健全机制，更好为新农村建设培养骨干力量［EB/OL］.（2012-09-13）［2017-10-10］. http://cpc.people.com.cn/n/2012/0913/c64094-18994703.html.

创业等致富项目的实施，还要承担组织村民开展文体活动、参与调处纠纷等任务。

4. 着眼干部选拔，规划制度对接

相较于以往的政策，《意见》提出多项硬性具体措施以拓宽村官的选用，比如要求经过 3 至 5 年，面向大学生村官定向考录公务员的比例一般应达到当年公务员录用计划的 15% 左右等。此外，《意见》还为大学生村官担任领导职务架起了快速通道，提出注重选拔优秀大学生村官进入乡镇和县（市、区）直部门领导班子的指导方针。

因为主管此项工作的领导人身份特殊，大学生村官项目无疑是中共中央施政体系中的“一把手工程”，但由于项目开展初期在定位上存在模糊性，村官们普遍担忧出路问题，难以安心工作，而让大学生们经过农村的数年历练后再转谋其他的职业，无疑也是人力资源的浪费。《意见》在该项目的明确化、制度化方向上迈出了重要一步，有助于稳定和壮大大学生村官队伍，发挥出其对于建设农村的积极作用，为政府机关输送大量有基层经验的青年干部，也契合了党的十七届四中全会所提出的要建立来自基层一线党政领导干部培养选拔链的根本思路。① 但值得一提的是，一个普通大学生村官从最基层干起，如果是按部就班地向上升迁，最终也许就终于县级，激励力度仍不够大。因此，有必要在全国性的干部选拔制度中提高对基层工作经验的重视，这既是给大学生村官这一群体更多激励，也有助于将更了解基层情况、经过基层复杂情况考验的干部输送到重要岗位，提升干部/政府治理能力。

（文/李柯）

---

① 黄建国．构建来自基层一线党政领导干部培养选拔链［J］．党建研究，2010(1)．

部分地方开展碳交易规则创新试验

2012年9月7日，广东省印发《广东省碳排放权交易试点工作实施方案》，电力、水泥、钢铁等首批九大行业的827家企业被纳入“控排企业”范围，排放配额将从初期的免费分配过渡到两级市场模式，实现分配效率最大化；9月11日，全国首例一级市场碳交易在广州碳排放权交易所完成；9月19日，深圳市政府举行深圳市碳排放权交易试点工作新闻发布会，深圳碳排放权交易试点进入企业碳排放核查与配额初期分配阶段。

1. 七大碳排放权交易试点获批

碳排放权配额交易，又简称碳交易，是一种旨在利用市场机制来提高温室气体排放配额分配效率、物化减排利益、降低减排成本的行为，它能够实现“经济—环境”双赢，具有广阔前景。2011年11月，国家发改委办公厅发布《关于开展碳排放权交易试点工作的通知》（以下简称《通知》），批准京、沪、津、渝、鄂、粤、深7大省市成为碳排放权交易试点地，体现了我国政府建立适应国情的碳交易体系和在应对全球气候变暖的问题上成为规则制定者的决心。近一年来，随着试点工作逐步推进，京津沪碳交易所已初具规模。

2. 广东试点：两级市场并行，创设省内补偿机制

根据9月7日印发的《广东省碳排放权交易试点工作实施方案》，电力、水泥、钢铁等首批九大行业的827家企业已被纳入“控排企业”范围，排放配额将从初期的免费分配过渡到两级市场模式，实现分配效率最大化。企业在一级市场上公开透明地向政府认购配额；在二级市场上实现企业间富余配额的合法转让，优化二次分配，促成减排激励。9月11日，全国首例碳排放

权配额交易在广州碳排放权交易所完成，4 家企业为扩大产能项目合计认购了 130 万吨二氧化碳排放权配额。

另外，针对粤东西北等山林地区与珠三角地区经济发展差距大，却强制前者减排，增加其负担，导致经济增长放缓等问题，广东将试点创立省内补偿机制，以项目为交易单元，经有关部门备案的自愿减排项目纳入交易范围，并通过林业碳汇等机制帮助粤东西北等山林地区获得技术与资金支持，保障当地经济发展。

3. 深圳试点：订立专业规范，设计行政分配机制

在广东试点着力构建市场平台的做法之外，深圳试点拟通过地方立法设计一套行政主导的企业减排分配机制。9 月 11 日，深圳市人大就《关于加强碳排放管理的决定（草案）》（以下简称《草案》）二次审议稿向社会公开征求意见，《草案》中要求对碳排放管制对象实行排放权配额管理，由市政府碳排放主管部门在控制碳排放总量的原则下，分配碳排放权额度，管制对象应在权利配额范围内进行排放。

至于哪些企业应当成为排放管制对象，以及其排放配额具体是多少，要按统一的 MRV（即量化、报告、核查）标准来确定。深圳 9 月份编制完成的《组织温室气体排放量化和报告规范及指南》和《组织温室气体排放的核查规范及指南》即为该市在实施碳排放管理时将遵照的规范，这也是我国首批通过专家评审的企业碳排放量化及核查技术标准。根据这些文件，由第三方机构对强制减排企业的碳排放情况进行核查，继而科学合理地确定配额。

4. 建立全国碳交易体系，转变经济增长方式

在《京都议定书》框架下，全球主要有欧洲碳排放交易体系、清洁发展

机制（CDM）和联合履行机制（JI）三大碳排放机制交易体系。中国是全球最大的碳卖家之一，而主要国际买家却不得不到欧美碳交易市场与中国企业交易。因此建立面向国际交易主体的全球性碳交易市场势在必行。建立碳交易市场有利于将减排成本最低化，同时规范各地减排工作，在中长期内增强国内企业软实力，实现经济增长方式的转变。纵观已出台的各试点方案，都充分发挥了因地制宜、量体裁衣的优势，然而如何解决“十二五”期间企业缺乏动力、市场缺乏需求的碳交易瓶颈，并在“十三五”期间将试点经验汇成一套行之有效的全国碳交易体系，仍任重道远。更值得关注的是，各试点理论指导有余但实践不足，要避免碳交易市场流于形式，或变异为金融炒作、权力寻租的温床，还需持之以恒地关注对碳交易市场内外大环境的治理。

（文/范阅倩）

中国创新体系建设进入新阶段

2012年9月23日，中共中央、国务院印发《关于深化科技体制改革加快国家创新体系建设的意见》（以下简称《意见》）。《意见》包括8个部分共21条，要求增强企业技术创新主体地位，完善科技支撑战略性新兴产业发展和传统产业升级的机制，深化科技评价和奖励制度改革，旨在从根本上解决科技与经济结合不够紧密的问题。

1. 打造科创体系是攻坚“十二五”、积蓄新动力的关键之举

作为中国共产党治国理政的重要方法论，“创新”在近三十年中国改革和发展中发挥了至关重要的作用，被外界视为“北京共识”的核心要素。特别自党的十六大以来，执政党更加注重创新发展，将增强自主创新

能力、建设创新型国家上升为国家战略。据此，“十一五”期间《国家中长期科学和技术发展规划纲要（2006—2020年）》出台，为构建“创新型国家”绘制蓝图；2011年发布的“十二五”规划则进一步提出深入实施科教兴国战略和人才强国战略，加快建设创新型国家。2012年召开的全国科技创新大会上，胡锦涛就深化科技体制改革、加快创新型国家建设提出6点意见，指出当务之急在于“破除一切束缚创新的思想观念桎梏和体制机制障碍，最大限度解放和发展科技第一生产力”。[①] 总的来看，在当时国内外经济形势严峻、发展面临诸多瓶颈的背景下，中共中央举全国之力打造创新体系，既有通过科技与经济社会深度融合，促成“十二五”发展任务的目的，也体现了以创新牵引改革，为未来发展积蓄动力的长远意图。

2. 激活企业、产业、人才三重创新要素

《意见》明确科技创新体系建设的主要原则，结合到2020年基本建成“中国特色国家创新体系”的中长期目标，提出“十二五”阶段性目标，其核心内涵体现在企业、产业和人才三个方面。

第一，明确担纲者，突出企业技术创新主体地位。《意见》明确提出建立企业主导产业技术研发创新的体制机制，形成以企业为主体、以市场为导向、产学研用紧密结合的技术创新体系。为此，“十二五”时期国家重点建设的工程技术类研究中心和实验室，优先在具备条件的行业骨干企业布局；落实企业研发费用税前加计扣除政策；完善高新技术企业认定办法，落实相关优惠政策；建立健全国有企业技术创新业绩考核制度，落实和完善国有企业研发投入的考核措施；加大国有资本经营预算对自主创新的支持力度，同时大力

---

① 用科技创新占领未来制高点[N]. 人民日报，2012-07-08.

支持民企创新；建立政府引导资金和社会资本共同支持初创科技型企业发展的风险投资机制。

第二，新旧相结合，分类构建战略性新兴产业发展和传统产业升级的科技支撑机制。一方面，《意见》要求围绕发展战略性新兴产业，完善科技支撑机制、搭建创新链条，争取到2015年战略性新兴产业增加值占国内生产总值的比重达到8%左右，到2020年力争达到15%左右。以数字化、网络化、智能化为重点，推进工业化和信息化深度融合。另一方面，《意见》提出通过技术创新和改造，促进传统产业优化升级。针对行业和技术领域特点，整合资源构建共性技术研发基地，在重点产业领域建设技术创新平台。建立健全知识转移和技术扩散机制，加快科技成果转化应用。

第三，育才更惜才，完善人才发展机制、深化科技评价和奖励制度改革。在推进人才培养、引进和评价方面，《意见》要求扩大高校办学自主权，以学科建设和协同创新为重点，提升高等学校创新能力；同时完善人才激励制度，建立以科研能力和创新成果等为导向的科技人才评价标准，改变片面将论文数量、项目和经费数量、专利数量等与科研人员评价和晋升直接挂钩的做法。在改革科技评价和奖励制度方面，《意见》强调应区分基础研究和应用研究的特点，制定导向明确、激励约束并重的评价标准和方法；建立评价专家责任制度和信息公开制度；改革完善国家科技奖励制度，建立公开提名、科学评议、实践检验、公信度高的科技奖励机制。

3. 全面落实《意见》亟须凝聚改革合力

《意见》作为引领科技改革创新的又一个纲领性文件，标志着中国创新型国家建设正进入新的历史阶段。着眼未来，其关键词在于“全面落实”，即在分步落实各项任务的同时，推动创新体系各环节有序运作，发挥创新体系的整体效能，从而实现体系的进一步完善。这一方面要发挥政府在战略规划、政策法规、标准规范和监督指导等方面的助推作用，另一方面也要充分调动市场在资源配置中的基础性作用，真正确立企业的技术创新主体地位，并协调好各方利益关系，为科技创新凝聚共识、形成合力。

（文/孙竞超）

10月　创先争优常态化夯实执政基础

解放军重大人事调整引发关注

中央推进创先争优常态化、长效化

稳中求变：2012年经济“新政”解读

国新办发布《中国的能源政策（2012）》白皮书

外交部成立国际经济司

广东省推出从严治党新措施

中国启动泛亚铁路中国—老挝段建设工程

中美俄三公司联合成立信用评级组织

解放军重大人事调整引发关注

2012年10月，解放军进行了一轮大规模的高级将领职务调整，涉及四总部、空军、二炮以及几大军区，一批具有实战经验，跨大军区、军兵种和总部机关交流的军事和政治高级将领获得重用。此外，中央军委领导在11月也进行了个别调整，于11月1日至4日召开的党的十七届七中全会决定，增补范长龙、许其亮为中共中央军事委员会副主席。此时，除海军高级指挥官尚未出现重大调整外，解放军主要板块、军区、军种的军事和政治高级将领均有所变化。此次军队高层人事调整为数十年来规模最大的一次，因而引起了国内外的广泛关注。

1. 人事调整影响中国军事战略发展方向

不少国内外媒体认为，此次人事调整预示着中国将着力促进中国军事的现代化转型，进一步提升军队的实战能力和空军、海军地位，以加强应对外部挑战的能力；有些媒体甚至提出，这些举措意味着中国将挑战美国在亚洲的军事主导地位。这些分析源于本轮职务变动的特点。

首先，从年龄上来说，新履职的军事将领相比上一届基本年轻了7～10岁，此次调整中，年龄超过70岁的总参、总政和总后最高负责人全部引退，

50 后军事将领成为中坚力量，许其亮成为第一位“50 后”军委副主席。这被认为体现了中国推进军队干部年轻化的决心，有助于实现军队现代化转型。

其次，此次履新的军事和政治高级将领中，有实战经验的有多人，例如张又侠、戚建国、田修思参加过老山战役，刘粤军曾参加对越自卫还击战。因此部分媒体认为，当下中国周边的国际形势复杂多变，中国提拔有实战经验的军官“意图明显”。

最后，本次人事调整有着显著的跨兵种、跨大军区、重视总部机关交流的特点，这在有关空军、二炮的人事调整中尤为明显。有分析人士认为，这样的晋升安排不仅有利于提高全军的作战水平，更是在有意提高空军、海军和第二炮兵的地位。

2. 军队高级将领职务调整影响中国今后政治格局

在党的十八大会期临近之际，国内外媒体还着重分析了此次军队高级将领职务调整与今后中国政治格局之间的关系，认为此番任命在考虑军队转型的同时，也兼顾了权力平衡以及未来十年军委骨干成员的稳定性。

首先，此番任命表明中国已在共产党政治领导层权力交接前基本完成了军队重要职务的人事改组，对于由 12 人组成的中央军委的人事构成也达成了一致，新履职的军事将领将在未来的一段时期对中国的军事和政治事务发挥重要作用。

其次，此次调整任用的军事将领创下了多项历史纪录，而这些引人注目的特征也展示出中国军事、政治的一些新变化。一方面，解放军历史上首次全部从地方大军区选拔四总部新首长，国外媒体甚至将其称为“四马进京”；从履历上看，四人均是由地方野战部队基层战士逐步晋升的，此前从未在北京的军事机关任职，这种情况也是首次出现；范长龙更是解放军历史上第一位由大军区司令员越过军委委员直升为军委副主席的将领。这显示地方和基层工作经历对于领导干部任用的重要性正在提升。另一方面，出身世家的将领获重用也是此次任命的一大特点。例如，张又侠上将的父亲是上将张宗逊，这是解放军历史上第二对“父子上将”；马晓天上将同样出身军人世家。对于拥有如此履历及背景的军政高级将领将对未来中国的政治发展产生怎样的影响，国内外媒体给予了很高的关注。

3. 人事调整遵循规律，但将产生深远影响

对于舆论的关注、分析和评论，国防部发言人表示这些变动“是非常正常的人事安排”，“希望外界不要过度解读”。诚如国防部发言人所说，无论从军事战略还是政治格局来说，此次人事调整都遵循中国军事和政治既定的目标宗旨以及客观的发展规律，虽然确有不少引人注目的亮点，但也都在意料之中。

但是，国内外媒体对此次军队领导层变动的关注和热议也无可厚非：新任高级指挥员将和全体人民子弟兵共同经历中国改革和崛起过程中相当关键的一段时期，因此无论对于应对国外的挑战还是维护国内的政治稳定，此轮高层人事调整都将产生深远的影响。值得注意的是，尽管本次调整兹事体大，但信息的公开程度很高，媒体讨论较为充分，中国政府和军队也都表现出从容淡定的态度。这在一定程度上表明，中国政府政治运作过程在逐渐常态化、制度化、公开化，这或许是党的十八大召开前中国政治最大的新气象。

（文/叶蕤）

中央推进创先争优常态化、长效化

2012 年 10 月中旬，胡锦涛在中央创先争优活动领导小组上报的《关于深

入开展创先争优活动的总结报告》上做出批示，创先争优活动取得显著成效。要认真总结经验，巩固和扩大成果，努力推进创先争优常态化、长效化，不断提高党建科学化水平。①

1. 夯实执政基础，加强基层党建

“创先争优”活动的内容是创建先进基层党组织，争做优秀共产党员，其主体是基层党组织和广大党员。这一在基层党组织中广泛开展的活动具有特殊的意义：首先，有助于进一步夯实党的执政基础；其次，深入开展创先争优活动，是基层党建的重要组成部分。

2. 提高基层战斗力，推进活动常态化

要努力推进创先争优活动常态化、长效化。现时期社会矛盾突出，群体性事件层出不穷，基层党组织将面临长期的压力和挑战。现在一些基层党组织存在思想观念落后、能力素质不够、执行力差、不能体现党的先进性等问题，在党的十八大即将召开之际，加强基层党组织建设刻不容缓。在社会转型期，基层稳则国安定，将创先争优活动常态化、长效化，可以有力地提高基层党组织的战斗力，切实回应当下的社会需要，顺利实现社会转型。

推进创先争优常态化、长效化，使之由集中化转向常态化，关键在于制度建设。把创先争优的好经验、好做法上升为制度，各级党支部至少建立一项创先争优项目，此项要求自2010年创先争优活动开展以来，取得了显著的成绩。实际上，在提出常态化、长效化的要求之前，各级党支部已

① 胡锦涛等中央领导同志就创先争优活动做出重要批示［EB/OL］.（2012-10-14）［2017-10-10］. http：//www. xinhuanet. com/politics/cxzy/zxbd. htm.

经将很多措施制度化了。例如，中央国家机关支部积极探索符合其实践的制度，总结出“支部工作法”，以便长期推行；再如，农业部市场与经济信息司党支部的“接地气”工作法、国家人口计生委宣教司党支部的“共建共享”工作法、国土资源部执法监察局党支部的“三抓四比”工作法，等等。不少地方总结党建中的经验，予以制度保证，如建立党代表常任制、设立党员工作室等。

（文/邵六益）

稳中求变：2012 年经济“新政”解读

2012 年 10 月中旬，温家宝在经济形势座谈会上表示，当前经济出现了积极变化，经济增速趋于稳定，我们有信心实现全年的经济社会发展目标。[①] 2012 年，面对复杂严峻的国内外经济形势，政府在财税、金融、市场准入等方面陆续推出一系列措施。

1. “营改增”：减税推动产业升级

2012 年 1 月 1 日，上海作为首个试点城市正式启动营业税转征增值税改革。2012 年 7 月，国务院常务会议决定自 8 月起至年底，将“营改增”试点由上海分批扩大至北京、天津等地。我国自 1994 年起施行对货物和劳务分别征收增值税和营业税的税收制度，此次“营改增”政策旨在消除服务领域重复征税的弊端，以结构性减税推动经济转型。其作用有二：其一，增值税仅对生产经营各环节增值部分征税，而营业税对产业链上各环节征税，故“营

① 新华社．我们有信心实现全年的经济社会发展目标[N]．中国青年报，2012－10－18.

改增”可减少重复征税，降低企业负担；其二，由于增值税可抵扣进项，因此“营改增”会鼓励企业以市场分工代替企业内部分工，由此打通二、三产业增值税抵扣链条，有利于现代服务业发展。

2. “扩区间”：加速推进利率市场化

利率市场化，是指中央银行放松对商业银行利率的直接控制，让市场主体自主决定利率水平。推进利率市场化，有助于解决我国经济领域重复建设、地方债务风险大、中小企业“融资难”等陈弊，有利于资产优化配置、促进多元化金融产品服务、建立顺畅有效的宏观调控机制，是我国生产要素市场化改革的重要步骤。自2011年1月央行行长周小川强调“要坚定不移推进利率市场化改革”以来，利率市场化的条件基本具备，已可在控制好风险的情况下稳步进行。2012年6月7日，中国人民银行宣布扩大存贷款利率浮动区间，分别将存、贷款利率浮动区间的上限与下限调整为基准利率的1.1倍和0.8倍。此次“扩区间”被认为是利率市场化的实质性举措。

3. “明细则”：鼓励民资健康发展

2010年5月7号，国务院正式颁布《关于鼓励和引导民间投资健康发展的若干意见》（以下简称“新36条”），旨在放宽准入条件，鼓励民间资本进入铁路、金融、能源等领域，该意见出台后收效甚微。经过两年的政策空转期，2012年3月，国务院常务会议确定由各部委分工出台“新36条”实施细则。截至2012年7月，“新36条”相关实施细则（以下简称“细则”）已全部公布。

面对经济增速放缓，政府推出一系列市场化的改革措施，符合深化经济体制改革、转变增长方式的社会共识，顺应大势、人心。但顶层设计还需底层落实，而在此过程中存在的困难有两个方面：其一，利益分配难调整。上述政策带来的后果是，“营改增”后中央与地方税收分成比例需要重新确定，放松利率管制导致的存贷款利差缩小会影响国有大型银行盈利状况，鼓励民间资本进入铁路等领域会斩断政府部门与企业之间的利益联结。利益问题处理不好，改革就可能半路抛锚，政府必要时须拿出壮士断腕、破釜沉舟的勇气魄力。其二，配套措施难跟上。"营改增"后试点地区行业与非试点地区行业间交易时税收如何计算，个别行业、企业由于政策变化带来的短期税负增加是否需要补偿，哪些项目可以折抵增值税，这些都事关实际的减税效果；而利率更是重要的要素价格，牵一发而动全身，放松利率管制会影响外汇、债券、股票等多个市场。要在控制好风险的情况下稳步推进，需要在调整幅度、时间、路径等方面细细考量；此外，以行政审批、数量管制为主导的旧有金融监管体制面临挑战，新式金融监管体系的建立应早日提上日程。破除垄断不能只停留在鼓励阶段，对民资真正关心的"怎么进、进入后如何管、如何退出、利益受侵害如何救济"等具体问题要有更详细的规定与说明。

（文/林凯）

国新办发布《中国的能源政策（2012）》白皮书

2012 年 10 月 24 日，国新办发布《中国的能源政策（2012）》白皮书（以下简称"白皮书"），系统阐述了中国的能源发展方针，指出国家将走能源和社会经济的可持续发展道路，展示了政府完善现代能源产业体系的决心。这也是继 2007 年国务院发布《中国的能源状况与政策》后，再次全面系统地表达政府在能源问题上的立场。

1. 彰显大国责任与负责态度

白皮书体现了中国在能源问题上应对危机与勇担责任的基本态度。能源危机威胁国计民生，需要以政府为主导保障能源安全。至2011年，中国已成为世界上最大的能源生产国和消费国，在传统能源日渐减少和新能源开发无显著进展的情况下，对国际能源的依赖日益增强，这对于我国未来的发展和国家安全造成极大的隐患。

与此同时，伴随能源危机的环境问题日益严峻，中国作为大国须主动承担国际责任。1997年《联合国气候变化框架公约》缔约国签订《京都议定书》，规定2008—2012年全球温室气体减排义务由发达工业国家承担。根据2007年的《巴厘路线图》，缔约国将于2009年达成《哥本哈根议定书》来取代《京都议定书》，以界定发展中国家的减排义务。然而在碳排放问题上，发达国家和发展中国家争论激烈，最终仅仅达成不具有法律约束力的《哥本哈根协议》。因此，2012年后，在国际碳排放问题上便缺乏强制性的国际公约规制，白皮书的发布显示了中国将要积极承担减排责任的决心。

2. 调整能源结构，加速市场化改革

白皮书在内容上有四大亮点：首先，重视节能提效，控制能源消费总量。白皮书指出，虽然中国能源自给率在90%左右，但随着经济规模的扩大，能源供应任务会进一步加重；同时，由于产业结构不合理，能源利用效率低，单位GDP能耗远高于许多发达国家，全面提高能源开发转化和利用效率，合理控制能源消费总量成为必行之路。其次，推进传统能源清洁化发展。在未来相当长的时期内，化石能源在中国能源结构中仍占主体地位，实现传统化石能源的清洁化利用是建立现代能源产业体系的关键环节。再次，加速能源体制市场化改革。现如今，价格形成机制等不合理的中国能源体系已严重阻碍了经济发展。白皮书指出，我国将推进电力、煤炭、石油天然气等重点领域改革，理顺能源价格形成机制。最后，鼓励民间资本进入，强化

国际合作。白皮书称，凡是列入国家能源规划的项目，除法律法规明确禁止的以外，均向民间资本开放；鼓励外商与中方合作，开发多种能源，共同探索技术研发。

3. 应对“中国威胁”，宣传和平崛起

政府出台白皮书来全面阐述能源问题立场，不仅是为了应对国内能源危机和承担国际责任的压力，也是要宣传中国的和平发展道路。具体到能源问题上，西方对中国的指责集中在两个方面：中国的发展过度消耗世界能源、无节制地排放温室气体破坏全球气候。对此，白皮书宣布中国将着力推动新能源开发和现代能源产业体系建设，致力于实现能源自给，以尽量减少对世界能源的消耗；同时，继续调整产业结构并推动传统能源清洁化发展，降低温室气体的排放，从而推动全球气候问题的解决进程。这展示了中国的崛起之路立足于国内的同时，会尽其所能对国际社会做出应有贡献，而不会威胁世界的能源安全和全球环境。

（文/张强）

外交部成立国际经济司

2012 年 10 月 9 日，为满足中国经济外交快速发展的要求，外交部正式成立了国际经济司。该司主要负责筹备二十国集团、金砖国家、亚太经合组织等国际性会议，加强国家之间、地区之间经济贸易等方面的往来，从政治和外交上协调国际经济与发展合作及相关业务，研究全球经济治理、国际经济金融形势、区域经济合作的有关问题，落实互利共赢的对外开放战略，维护国家的发展利益和经济安全。

1. 协调推进经济外交工作

国际经济司的成立是外交机构设置的有益补充，改善了外交部在制度安排和机构设立等方面的现状。随着全球化的进一步深入，中国经济外交的内涵也随之发生了变化。特别是在改革开放之后，中国的经济实力有了显著增强，同其他国家或地区的经济往来也日益密切，传统的经济外交已经不能完全满足需求。在以往外交部的工作中，由于缺乏专门处理机构，对外经济工作更多的是通过外交部与其他部委之间以及更高层面的协调来推进，这种结构性缺失在很大程度上不利于中国统筹内外经济政策。加强经济外交工作显得尤为迫切。国际经济司就是在这种经济背景和社会环境下应运而生的。自此以后，中国外交部有关经济外交的工作方式就与美国利用经济司、商务司以及副国务卿处理经济事务的模式大致相同了，主要是在一些经济部门发挥职能的基础上，准确把握经济发展的节奏，加强多方的合作与配合，同其他国家或地区进行经济上的沟通，协调处理国际经济纠纷和摩擦。

2. 助力处理经济纠纷

2012 年，中国已经是全球第二大经济体、第二大贸易国以及第一大外汇储备国，对世界的影响力显而易见，因此，国际经济司的成立受到各界的普遍关注。例如，《国际先驱导报》认为，外交部国际经济司的成立恰逢其时，这意味着将会有一个专门的司级机构，从外交的角度针对国际经济议题研判形势、提出对策并贯彻落实。美国《福布斯》双周刊网站表示，该部门的成立标志着中国的“经济外交”进入了新阶段，中国新经济外交将以贸易和投资作为武器强力发声。外交学院国际经济学院副院长竺彩华认为，二十国集团成立以来，政治问题和经济问题交织，外交部之前缺乏专业应对团队，国际经济司的成立将有助于中国处理与政治问题紧密交织的经济纠纷。

国际经济司的成立是我国经济外交发展史上的一次重大变革，为外交工作注入了新鲜血液和动力。在世界经济形势日趋复杂的环境下，国际经济司将会在协调各部门工作、妥善处理纠纷、保障国家利益等方面发挥重要作用，最终促进中国与世界经济共同发展与繁荣。

（文/强嫣青）

广东省推出从严治党新措施

2012 年 10 月 25 日，广东省委、省政府在省第十一次党代会新闻发布会上公布了《广东省从严治党五年行动计划》（以下简称《计划》）。《计划》在干部选用提拔、评议公开、准入限制、任用倒查等方面做出了系统性规定。其针对“裸官”等问题实行的职位限入和提拔限制等指向性政策，显示出广东省从严监督党员干部，重拳打击党内腐败的决心。

1. 规制“裸官”：促廉反贪的制度创新

“裸官”一词源自 2008 年一篇题为《还有多少贪官在“裸体做官”?》的博文；2009 年 11 月 17 日，深圳市委、市政府颁布实施《关于加强党政正职监督的暂行规定》（以下简称《暂行规定》），将这一类官员具体定义为“配偶和子女非因工作需要均在国（境）外定居或加入外国国籍，或取得国（境）外永久居留权的公职人员”。相比“非裸”官员，“裸官”可以轻而易举地透过身在海外的配偶和子女向境外转移非法财产。而如果该官员同时需为其在海外的配偶、子女提供生活开支，那么其腐败行为更会变本加厉。而一旦罪行败露，“裸官”即便锒铛入狱亦可舍身保全家。

自党的十七届四中全会以来，为贯彻落实有关防腐倡廉、推进惩治和预防腐败体系建设的精神，中央至地方全面推开了为促进公职人员廉洁自律的制度创新，围绕2010年7月中央办公厅、国务院办公厅印发《关于对配偶子女均已移居国（境）外的国家工作人员加强管理的暂行规定》，各地涌现出对“裸官”进行规制的相关细则，例如深圳市委、市政府印发的《关于加强党政正职监督的暂行规定》中第五、第六条即规定在干部任用过程中，须就个人事项如实申报，并限制“裸官”担任党政正职和重要部门的领导班子成员。然而除此以外，各地措施大多停留在较为单一的信息统计或限制离境层面。

2.《计划》亮点：建立系统性干部管理机制

广东省此次公布的《计划》，是在汲取深圳市《暂行规定》申报个人事项和职位限入的基础上，通过系统性的规范设定所创设的一套上下通透的“选用—监督—预防—打击”的干部管理机制。

第一，从严审查官员任用提拔资质，竞争上岗，严把党政国企三类重要领导岗位准入关。《计划》指出，要进一步推进竞争性选拔，强调要严格执行党政领导干部任职回避制度，对曾受到党纪政纪处分的官员、“裸官”等将实行职位限入和提拔限制，实行国有企业领导人员职位禁入制度等。第二，《计划》规定要从严开展官员述职述德述廉，推行党政正职审计结果透明化。《计划》拟从2013年起，强化对关键岗位干部的重点管理，推行下一级党委主要负责人和同级党政部门主要负责人向纪委全会述职述德述廉并接受评议制度；对党政正职实行任中审计以及“逢离必审”，并从2013年试行审计结果公开并逐步推广。第三，从严监管官员个人事项报告，重点抵御“裸官”出逃等廉政风险。针对贪腐“裸官”出逃严重危及党政机关选人用人的公信力这一问题，《计划》规定党员领导干部要如实报告个人的收入、房产、投资、婚姻变化及配偶子女从业、移居国（境）外、计划生育等情况。对个人应报告的重要事项隐瞒不报告或做虚假报告的，一经发现、查实，一律先停职再做调查。有关党员领导干部家庭财产申报及公示，《计划》拟于2014年前完成试点并逐步推开。第四，创设违纪违法干部选拔过程倒查制度，彻查实践漏洞。对原来已有违纪违法问题、提拔任职后受到撤销党内职务、行政撤职以上处分的领导干部，《计划》规定应在做出处分后的15个工作日内，启动对其选拔过程的倒查程序。

3. 制度之思：规制“裸官”仍需多方发力

总体来看，《计划》把廉政关卡设在了领导干部从拟定、选举到就任、当政乃至离任、退休这一周期中几乎所有的关键环节，并且通过强调信息逐步公开，将官员的配偶和子女一并纳入全民监督的范围。然而，值得我们进一步思考的是，首先，在制度建设中不仅应规范选拔程序，也应当对官员的思想观念进行了解。要求官员严于律己、以身作则，仅仅依靠发布《计划》、讲求程序正义等是不够的。其次，就制度设计本身而言，不切断权与利之间的联系，贪腐就永远有滋生的温床。再次，从民意风向和整治措施来看，尚有许多漏洞亟待修补。最后，信息公开的程度如何把握，尤其是针对官员家属的信息公开，是否会伤及对个人隐私基本的尊重等问题尚未得到妥善处理。

（文/范阅倩）

中国启动泛亚铁路中国—老挝段建设工程

2012年10月25日，中国同意为老挝提供70亿美元融资，以启动中—老高铁项目工程建设。这条铁路自昆明到老挝首都万象，预计以后会延长至新加坡，总长 3900 公里，是泛亚铁路的重要组成部分。泛亚铁路中国段共有三线工程，均自昆明出发，最终到达新加坡。东线经越南，中线经老挝，西线经缅甸。其中，东线因南海问题受阻，西线工程最为艰巨，中线工程启动的条件最为完备。

1. 工程启动遇阻，矿产资源兑换融资

2010 年 12 月，老挝国会批准了自万象至中国边境线路的建设计划，但因为资金无法落实而没能动工，为尽快启动工程建设，中国进出口银行为其提供融资。作为提供融资的条件，中国将在 2020 年以前每年获得约 500 万吨矿产资源供应，主要是钾碱。本段铁路线长 418 公里，由中国建筑公司承建，根据规划将于 2015 年建成，主要从事客运以及矿产和木材运输。

2. 提升区域影响力，化被动为主动

该工程的启动具有重要意义。首先，中国要实现和平崛起，成为区域性大国，需要特别增强在东南亚的影响力。但由于南海争议不断升级、美日对我国的钳制政策以及东盟奉行大国均衡战略，中国在东南亚区域受到强力排挤和压制。这使得加强与东南亚的区域联系十分必要。泛亚铁路中线工程能够打通中国到东南亚的交通，使得中国—东盟自由贸易区连接在一起，为双方的经济合作和人员交流提供便利条件，有利于资源和优势互补，实现共赢。其次，中国为老挝提供融资，彰显中国走和平与共赢发展道路的决心，有利于提升区域影响力。最后，有助于在南海争议、美日遏制政策、东盟均衡策略的严峻背景下，开辟出新的出路，化被动为主动，对于中国提高在东南亚的影响力和保障自身利益有重大意义。

（文/张强）

中美俄三公司联合成立信用评级组织

2012 年 10 月 24 日，来自中国、美国和俄罗斯的三家独立评级机构——中国大公国际资信评估有限公司、美国伊根—琼斯评级公司、俄罗斯信用评级公司，在北京宣布成立新型国际评级组织“世界信用评级集团”（以下简称“世界集团”）。

1. 现有国际评级体系存在诸多问题

信用评级是指由专业化的信用评级机构，运用科学的指标体系和评估方法，综合评价受评对象违约风险，并以简洁的符号表示其信用等级的活动。信用评级活动连接监管机构、中介机构、投资者、债务人各方，贯穿资本市场中发行、定价、交易、重组等各环节，是现代金融业的重要枢纽。而专业的信用评级机构拥有技术与信息的优势，能揭示债务人的违约风险，降低投资者考核费用，扩大市场融资规模，同时为监管部门提供决策参考，在评级活动中居于核心地位。

10 月 24 日当天，中美俄三方还发表《北京宣言》，强调现有国际评级体系背离信用经济发展规律，要求构建新型国际信用评级体系。此时信用评级体系主要存在以下问题：第一，评级组织垄断市场份额，三家独大。1975 年美国证券交易委会（SEC）出于监管目的强制要求大部分金融机构进行信用评级，同时指定穆迪、标准普尔、惠誉国际三家公司为政府认证的“特许评级机构”，事实上确立了三大机构在美国本土的行政垄断地位。三大机构借助美国在金融领域的国际地位，顺利地将垄断势力扩展到世界市场。穆迪、标准普尔、惠誉国际三大评级机构占据了全球信用评级市场 8 成以上份额。第二，利益冲突。客观、公正、准确的专业判断是评级机构的职责所在，但现行体系的利益格局往往使评级判断缺乏公正性。发行人付费的模式干扰评级机构的独立性与客观性，发行人“花钱买级别”的现象层出不穷，评级虚高形成风险隐患。第三，政治干预。三大机构集中于美国，美国会出于政治利益干预评级机构，抬高自己的信用等级，同时压低竞争对手的信用等级，因此主权国家信用评级的客观性一直有较大争议。第四，评级有误。三大机构近年来频频错误评级，备受指责。1997 年的东南亚金融危机、1998 年俄罗斯金融危机、2000 年土耳其金融危机、2001 年美国安然公司造假案等重大金融事件，都在三大机构的评级记录上留下历史污点。2008 年三巨头又未能预警全球金融危机，引发投资者遭遇巨额亏损的部分衍生品甚至被三大机构评为具备最高安全级别。

2. “世界集团”挑战现有国际评级体系

世界集团与旧的评级体系相比，具有不同的特点：第一，多国参与，变单一制为多边制。世界集团由中美俄的三家独立评级机构发起成立，计划由各国机构加入，形成由各国机构参股的多元组织，已经有 30 多个相关评级机构和组织表达了参与组建的意愿。多国参与有利于发挥各国的本土优势，增强信息的准确性，同时也帮助评级组织摆脱单一国家的政治控制，形成更独立公正的专业判断。

第二，启用投资者付费模式，减少利益冲突。世界集团将以由投资者购买证券发行人的评级信息的获利模式，取代向证券发行人收费的现行模式，这种新的利益约束机制将减少评级虚高的现象。

第三，以市场为导向，通过竞争赢得认可。世界集团发起人中国大公国际资信评估有限公司总裁关建中表示，公司只是作为市场主体去竞争，让市场能够选择有价值的评级公司，“让整个国际社会共同来参与，比起只让一个国家来做评级，给全世界带来的好处更大”。

3. 构建新的评级体系依然任重道远

但从长远来看构建新的评级体系依然面临挑战。首先，多国参股作用有限。多国参股设立评级机构并非首创，事实上国内的很多评级机构已经有外资参与。同美国一样，每个主权国家都希望评级机构做出符合自身利益的评级结果。因此，多国股权并不能减少政治干预，反而会在公司内部产生国家利益冲突。其次，投资者付费模式也并非完美。投资者付费模式难以保护信息产权，因为没有付费的投资者可以通过观察付费者的买卖行为窃取评级信息。这将减少评级机构的收入，进而降低和减少市场中评级信息的质量和数量。最后，市场认可绝非易事。评级机构影响力的形成，需要长时间的积累和一系列优异的项目业绩做支撑。对比三大机构近百年的发展历史，刚成立的世界集团显然资历尚浅。国际金融秩序重建的大背景下，机遇与挑战并存，世界集团的未来如何？让我们拭目以待。

（文/林凯）

11月　党的十八大顺利召开

党的十八大报告彰显执政新特性

中央领导集体换届开启政治新周期

海洋局正式印发《省级海洋功能区划》

民政部公布《志愿服务记录办法》

湖北省出台全国首个推进社会领域防治腐败工作意见

党的十八大报告彰显执政新特性

2012年11月8日至14日，党的十八大在北京召开。胡锦涛代表第十七届中央委员会向大会做了题为“坚定不移沿着中国特色社会主义道路前进为全面建成小康社会而奋斗”的政治报告。报告总体延续了党的十七大报告的形式风格，在内容上也多有承继。但在理论建构、改革布局和对外政策等方面都与党的十七大报告有较大的不同，凸显中国未来执政重点。

1. 理论主题：形成中国特色社会主义系统理论

党的十二大以来，历次党代会报告都会围绕一个理论主题重述执政历史，总结最新理论成果，并确立下一阶段的路线方针。党的十七大报告的理论主题是“科学发展观”，其从评述改革开放史切入，通过强调中国特色社会主义道路的时代性和中国特色社会主义理论体系的开放性，引出了对科学发展观及相应行动纲领的全面论述。党的十八大报告正式确立了科学发展观的指导地位，但其理论主题则是“中国特色社会主义”。为此，报告一改以往改革史论的语境，代之以中国特色社会主义的历史叙事，提出了集道路、理论体系和制度三者于一体的中国特色社会主义系统论，并命之为“当代中国发展进步的根本方向”。这一系统论的独特意义在于：在理论性质上，尽管“中国特色社会主义”一词长居中共中央话语体系已逾三十年，但其往往仅作为形容词使用。而党的十八大报告首次将其变成主语，使之从单一词汇形成的若干表述发展为完整体系，可谓历史性集成。在理论价值上，正因其高度集成，这一系统论既保守又开放：不仅具有底线意义，即“不走封闭僵化的老路和改旗易帜的邪路”，也包含自我认同，即“道路自信、理论自信、制度自信”，更具有空间意义，即为未来改革留下了较为丰富的想象空间。在理论要求上，党的十七大报告虽新立科学发展观，但仍沿袭强调“一个中心，两个基本点”和“四项基本原则”等基本要求。而党的十八大报告则为“夺取中国特色社会主义新胜利”量身定制了“八个必须坚持”，欲使之成为新一代领导集体领导下的共同信念。

2. 定音改革：改革目标呈现明确性、超越性和坚定性

总目标、经济建设和文化建设的目标表述比党的十七大报告更加明确。如总目标一章不仅承诺2020年“全面建成小康社会”，还分别就经济、政治、文化、民生、环保及体制改革等方面提出了更为明确的目标。经济一章则围绕体制改革和结构调整两大根本问题，明确“新四化”，即应以城镇化为核心，同时发展新型工业化、信息化和农业现代化。文化一章主要沿用党的十七届六中全会关于建设社会主义文化强国的系列观点。其中首次提出了24字社会主义核心价值观，并从公民道德素质切入，对应党的十七大报告中的“四德”提出“四信”，对应“社会风尚”提出“社会心态”。

政治建设、社会建设和生态文明建设三章颇具超越性。如政治一章首次将“推进政治体制改革”列入专章标题，首次专论“健全社会主义协商民主制度”，首次写入“三同”统战思想和“三和”民族关系思想，还以罕见的坚定态度强调法治，声言“任何组织或者个人都不得有超越宪法和法律的特权”。社会建设一章新增“创新社会管理”，将其与“改善民生”并立为社会建设两大支柱，并针对社会管理体制、基本公共服务体系、现代社会组织体

制、社会管理机制四者分别给出最新定义，从而完善了社会管理体制改革顶层设计。生态文明建设原是党的十七大报告经济一章的组成部分，但在党的十八大报告中被正式纳入中国特色社会主义“五位一体”布局，因而首次独立成章。

党建一章总体趋于保守。针对党内信念失却、思想不一、纪律涣散、脱离群众、腐败严重等问题，分别强调了“坚定理想信念”“集中统一”“严明党纪”“群众路线教育”“反对特权”等传统主张，大有复归中国共产党政治传统之意。

3. 定位开放：宣示正由“韬光养晦”转入“命运共同体”

与以往报告相比，党的十八大报告所确立的对外政策思路，透露出前所未有的主动姿态和全球责任意识。这体现在：在国际关系方面，强调变被动为主动，以“人类命运共同体意识”实现合作共赢，建立更加平等均衡的新型全球发展伙伴关系。在外交政策方面，有别于党的十七大报告中“决不损人利己、以邻为壑”的回应性承诺，此次报告明确表态，“中国将坚持把中国人民利益同各国人民共同利益结合起来，以更加积极的姿态参与国际事务，发挥负责任大国作用”，体现出强烈的大国意识。此外，报告还首次写入“推进公共和人文外交，维护海外合法权益”，体现了人文输出与自我维权相结合的大外交思路。在经济政策方面，首次提出以权利和义务平衡观为基础，对内培育中国的一流跨国公司，对外积极参与全球经济治理。在国防政策方面，除了重申防御性国防政策，报告尤其强调建立与大国地位相称、利益相符的军队，并使之成为“在国际政治和安全领域发挥积极作用”的维和力量。在生态建设方面，突出强调国际环保责任，首次提出应对全球气候变暖的三项原则，承诺为全球生态安全做出贡献。上述系列论断，反映了中国对自身全球定位的根本性转变。

4. 着眼未来：丰富中国特色社会主义理论体系

中国共产党第十八次全国代表大会的核心任务，除完成党内最高权力的平稳交接之外，就是通过党的十八大报告，提出了一系列的新观点、新要求、新任务、新举措、新部署，对中国特色社会主义做出新的理论概括，具有极强的现实针对性和长远的指导意义。此次党的十八大报告通过对“中国特色社会主义”进行系统阐述，把科学发展观定位为党的指导思想，极大地丰富了中国特色社会主义理论体系，进一步拓宽了中国特色社会主义道路，为新一代领导集体执政提供了良好开篇。着眼未来，报告提出到2020年实现全面建成小康社会宏伟目标，将充分考验中国共产党新一代领导集体的政治智慧和勇气。

（文/张佳俊）

中央领导集体换届开启政治新周期

2012年11月15日，党的十八届一中全会在北京举行。会议选举了中共中央政治局委员、中央政治局常委会委员、中央委员会总书记；根据政治局常委会提名，通过了中央书记处成员，决定了中央军事委员会组成人员；批准了第十八届中央纪委一次全会选举产生的书记、副书记和常委会委员人选。[①] 随着新一届中央领导机构的核心领导干部悉数到位，前后持续两年之久、覆盖五级组织的中国共产党领导集体换届终于顺利告成。

1. 本轮换届颇具历史特殊性

作为全球最大发展中国家的执政党，中国共产党的最高领导集体权力交

---

① 新华社．党的十八届一中全会产生中央领导机构习近平任中共中央总书记、中央军委主席［N］．人民日报，2012-11-06.

接问题历来为全世界所关注。此次领导集体换届尤其备受瞩目，其特殊性在于：第一，时间节点特殊。2012 年是罕见的全球政治大选年，包括中、美、俄、法四个联合国安理会常任理事国在内的 58 个国家进行了大选或者领导人换届。大规模换届势必对国际政治格局产生新的影响，不确定性因素增加。第二，国内外形势异常复杂。在国外，中国面对的国际摩擦增多、领土主权争端升温，周边安全形势趋于紧张；在国内，王立军叛逃、薄熙来被立案调查等事件突发，各类政治谣言纷起。同时，围绕政治路线、经济改革等问题，思想舆论争鸣的激烈程度远超以往。第三，换届本身特殊。过去三十年来，中国共产党逐步形成了党的总书记连续任职不得超过两届即“十年换届”政治惯例。此次党的十八届一中全会选举产生了新一届中央领导机构，中国共产党实现了又一次具有历史意义的权力平稳顺利交接。中国共产党的权力交接日益制度化、规范化，说明中国共产党的执政能力进一步成熟。此次换届涉及全方位、大规模的人事调整，其结果直接关乎中国未来十年乃至更长时间的发展方向。

2. 新一届中央领导机构构成情况

2012 年 5 月，中共中央在北京召开专门会议，对拟提名第十八届中央政治局委员和常委的预备人选进行了民主推荐；其后经过多轮商讨，形成了新一届中央领导机构人选建议名单，并经此次全会选举最终确定。具体情况是：

其一，第十八届中央政治局由 25 人组成。党的十二大至党的十七大，每届中央政治局人数平均在 22 名左右①。第十八届中央政治局由 25 名委员组成，人数与第十七届持平。其中，习近平、王岐山、刘云山、刘延东（女）、

① 党的十二大以来，历届中央政治局人数情况：党的十二大时为 25 人，党的十三大时为 17 人，党的十四大时为 20 人，党的十五大时为 22 人，党的十六大时为 24 人，党的十七大时为 25 人。

李源潮、汪洋、张高丽、张德江、俞正声等 10 人为老委员；马凯、王沪宁、刘奇葆、许其亮、孙春兰（女）、孙政才、李建国、张春贤、范长龙、孟建柱、赵乐际、胡春华、栗战书、郭金龙、韩正等 15 人为新晋委员。① 全部委员中，60 岁以上有 15 人，其中 10 人超过 65 岁；60 岁以下有 10 人，其中 50 岁以下有 2 人。相较前两届，第十八届中央政治局委员年龄结构更显年轻化。②

其二，常委会规模缩小，中央政治局常委从第十七届的 9 人减少至本届的 7 人。第十八届中央政治局常务委员会由习近平、李克强、张德江、俞正声、刘云山、王岐山、张高丽 7 人组成。自中国共产党执政以来，作为核心领导机构的中央政治局常委会，人数一般保持在 5 到 9 人之间，形成了奇数惯例。③ 中央

---

① 来自军界的中央政治局委员是范长龙、许其亮。范长龙、许其亮在党的十七届七中全会上被增补为中共中央军事委员会副主席，在十八届一中全会当选为中央军事委员会副主席；来自中央党政机关的中央政治局委员是马凯、王沪宁、李建国、孟建柱、栗战书。马凯为国务委员兼秘书长，王沪宁为中共中央书记处书记、中央政策研究室主任，李建国为全国人大常委会副委员长兼秘书长，孟建柱为国务委员兼公安部长，栗战书为中共中央办公厅主任、中直机关工委书记；来自省级党委的中央政治局委员是刘奇葆、孙春兰（女）、张春贤、赵乐际、胡春华、郭金龙、韩正。刘奇葆为四川省委书记，孙春兰为福建省委书记，孙政才（已于 2017 年 9 月 29 日被开除党籍和公职）为吉林省委书记，张春贤为新疆维吾尔自治区党委书记，赵乐际为陕西省委书记，胡春华为内蒙古自治区党委书记，郭金龙为北京市委书记，韩正为上海市第一副书记（市长）。

② 第十六届中央政治局委员 60 岁以上 16 人，60 岁以下 8 人，平均年龄 60.6 岁左右；第十七届中央政治局委员 60 岁以上 19 人，60 岁以下 6 人，平均年龄 61.4 岁左右。

③ 第一，历史上只有一次中央政治局常委超过 9 人，达到 11 人，这就是 1966 年党的八届十一中全会，中央政治局常委从原来的 7 人增加到 11 人，从而成为中共党史上常委人数最多的一次。第二，就党内的决策制度而言，常委会的决策是所有决策中最重要的决策，而常委会决策的人数问题——投票者的人数是奇数还是偶数——又会影响到决策的效率和质量即党内民主的发展。因为民主政治的发展，不仅与规模（人数）有关，也与规模本身的结构有关。要促进党内民主，提高决策的效率和质量，常委人数就应该是奇数，而不应该是偶数。现代民主政治讲究“一人一票”原则，常委会的议事和选举也需要符合该原则。另外，常委会在做出重大事情的决策时，一般使用票决制，那么其人员规模就必须是奇数。

政治局常务委员会人员规模历经第十二届、第十三届的变动调整①，到第十四届、第十五届时初步确立了七人制传统；此后，第十六届和第十七届扩大为九人制；第十八届则又回归到七人制。这一回归，在一定程度上说明七人为最佳的常委会人员规模，既能发挥民主又能保持集中。②

其三，党和军队最高领导权首次实现同步交接。胡锦涛同志不再担任中共中央总书记、中央军委主席职务，习近平被选举为新任中共中央总书记、中央军委主席。此次前任国家领导人高风亮节，以“裸退”方式实现党和军队最高领导权的同步交接，在中共党史上尚属首次。这一举动巩固了中共中央领导集体权力交接的成果，进一步推动了领导集体权力交接的制度化建设，具有重要的历史意义。③

3. 中国迎来新一轮政治周期

总体而言，此次中国共产党实现了最高领导集体权力的平稳交接，中央领导机构特别是中共中央政治局常委选举进一步制度化、规范化和程序化。中国共产党中央领导集体权力交接越平稳，越有利于政治形势的稳定，接班领导集体也越是坚强可靠，党越能够肩负起自身的历史使命。此次接班领导集体都是在改革开放的过程中成长起来的，是现代国家治理和改革的开创者，其治理国家的思维和方式势必有所不同。随着新一届领导机构执政的全面展开，未来将迎来大规模的人事调整，政坛格局将进一步变化，国家发展也有望迎来全新布局。

（文/张佳俊）

---

① 第十二届中央政治局常委是6人（最后一年变为5人）；第十三届中央政治局常委是5人，党的十三届四中全会后调整为6人。

② 邓聿文．执政党的权力交接——十二大以来中共政治局常委分析［J］．瞭望周刊，2012(187).

③ 团结的中国有把握降服千难万险［N］．环球时报，2012-11-16.

海洋局正式印发《省级海洋功能区划》

2012年11月6日，国务院批复了上海、广东和海南三省市的海洋功能区划（2011—2020年），至此，11个沿海省市的海洋功能区划全部拟定。继3月份国务院批准《全国海洋功能区划（2011—2012年）》（以下简称《全国区划》），对未来10年的开发利用和环境保护做出全面部署后，国家海洋局现已开始正式印发各省（区、市）的《省级海洋功能区划》（以下简称《省级区划》）。开发海洋资源在经济社会的可持续发展中的地位日趋显著，“十二五”规划纲要提出的“海洋经济发展”战略正不断实施。

1. 科学管海，落实“保护性开发”具体要求

海洋功能区划是根据海域的地理位置、自然资源状况、自然环境条件和社会需求等因素而划分的不同的海洋功能类型区，为海洋开发、保护和管理提供科学依据的制度。为解决海域使用过程中长期存在的“无序、无度、无偿”等问题，国务院从2002年起就开始批准全国的海洋功能区划，以便为海域管理提供科学依据。但是，海域管理和环境保护方面仍旧存在许多问题，海洋经济的发展与科学发展的要求相差甚远，尤其是频发的海洋污染事件，使得更加具体的海域管理需求日盛，《省级区划》是对《全国区划》的具体落实，包括了海水养殖功能区、海洋保护区、保留区、大陆自然岸线、近岸海域功能区等区域。针对相关问题，《省级区划》提出了诸多的“保护性开发”的具体要求，对各省市的海洋资源开发明确了细致的“区别待遇”：控制围海造陆的规模，扩大发展海水养殖区、海洋保护区以及保留区的范围，这“一增一减”彰显科学用海的思路。同时，要求各省市整治修复海岸线，治理近海的污染，保证近海海域的环境。最值得注意的是，《省级区划》为各省市

分配了不同的围海造陆“指标”。

2. 提高填海门槛，设置限制指标

“土地是财富之母”，国家垄断土地的一级市场带来国家数十年的高速增长，不过已逐渐达致瓶颈，人地矛盾开始凸显。近年来，国家土地政策收紧，建设用地指标缩小，对海洋的开发是必然之势。我国东南沿海一带开发海洋实属必然，越来越多的沿海地方已经开始向海洋要地的战略。针对前些年的粗放型的填海行为，《省级规划》再次提高填海门槛，并对各省市建设用围海造陆规模进行了限制，其中，浙江获 5.06 万顷“指标”，最少的是上海，仅获得 0.23 万顷“指标”。上述配额是具有约束力的，有关负责人表示，原则上两年内不得修改《省级区划》内容。海洋局将于 2013 年正式启动新一轮《市县级海洋功能区划》编制报批工作，以划定各省市内部的海域使用权。

3. 正确处理海洋与陆地的关系，促进综合效益最大化

尽管《全国区划》中强调多种利用方式，但是在《省级区划》中最为突出、被广泛关注的还是填海造陆，这体现出我国的海洋经济发展战略是陆地战略的延伸，可能会影响海洋效益的最大化发挥。检视全球海洋经济的三大模式可知，无论是美国，还是日本、新加坡，无一是靠延伸陆地模式获得发展的，因而《省级规划》在强调围海造陆的同时，应合理增加有关海洋经济模式的引导内容，以推动我国海洋经济更高效发展。另外，海域属于国家所有，如何在使用中协调国家与市场的关系值得深思，从已有政策来看，基本的思路与土地政策相似，由中央主导的海洋开发一级市场，各省市内部的市县级海洋规划也由中央掌握，存在导致新的权力寻租的风险。

（文/邵六益）

民政部公布《志愿服务记录办法》

2012年10月30日，为加快建立志愿服务记录制度，推动志愿服务健康有序发展，民政部印发了《志愿服务登记办法》（以下简称《办法》）。《办法》鼓励有关单位在招生、招聘时，同等条件下优先录用、聘用和录取有良好志愿服务记录的志愿者。11月5日，民政部发布通知，决定在全国开展志愿服务记录制度试点工作，要求每个省份选择3~5个试点地区，在城乡社区和民政服务机构率先启动志愿服务记录制度试点，为期两年。至此，社会志愿服务法治体系得到进一步完善，志愿者队伍建设有望不断增强。

1. 志愿服务三大机制：记录管理、等级评定和回馈激励

《办法》主要建立了以下机制：第一，志愿服务记录管理机制。完善志愿服务记录管理办法和记录标准。具体要求志愿者组织、公益慈善类组织和社会服务机构，应当对志愿者工作的完成情况和服务对象的满意程度进行综合的评价和考量，对志愿服务记录进行确认、录入、储存、更新和保护，形成一个完整的志愿者服务记录储存体系。第二，志愿者等级评定机制。志愿者根据累计服务时间的不同，可以申请评定为一星级至五星级志愿者。划分标准是：一星级（100小时）、二星级（300小时）、三星级（600小时）、四星级（1000小时）、五星级（1500小时）。第三，志愿者回馈激励机制。志愿者在无偿服务他人的同时，也可以在出行、工作、使用公共资源的过程中，享受一定的优惠政策，包括对有良好服务记录的志愿者免费开放博物馆、图书馆、体育场馆等公共文化体育设施和公园、旅游景点等场所，对城市公共交通给予票价减免优待，鼓励有关单位在招生、招聘时，同等条件下给予优先录用。

2. 保持慈善本质，鼓励慈善精神

志愿服务三大机制的建立有利于完善志愿服务体系，而志愿服务回馈激励机制的建立，并不会改变志愿者不谋求任何物质、金钱及相关利益回报的服务本质。志愿者在参与社会服务事务时，仍然是以致力于服务他人和社会、自愿为社会福利事业提供服务为基本出发点。国家给予志愿者一定的优惠政策，其实是对志愿者服务行为的鼓励，是对这种利他主义精神的认可，促进民间志愿者团体向着更专业、更规范的方向发展。志愿者组织、公益慈善类组织和社会服务机构，作为自发的社会服务组织形式，与国家福利制度相配合，实现对弱势群体的帮助。

3. 杜绝弄虚作假，加大监管力度

《办法》的出台，能有效提高志愿者的工作积极性，鼓励全民在能力范围之内积极加入志愿者的行列，服务大众，服务社会。虽然登记管理机关和业务主管部门均承担着监管职责，在管理流程上也设置了公示环节，由社会公众来监督，但仍然难以杜绝弄虚作假现象的发生，如何加大监管力度，狠抓实施落实是管理部门面临的主要挑战。

（文/范阅倩）

湖北省出台全国首个推进社会领域防治腐败工作意见

湖北省委、省政府于 2012 年 11 月 15 日印发了《关于推进社会领域防治腐败工作的意见》（以下简称《意见》）。这是全国首个对社会领域防治腐败工作进行顶层设计的文件，对解决当下党和国家机关涉及社会领域的腐败问

题和社会领域各主体存在的突出问题，实现反腐倡廉建设整体谋划、系统防治，同步推进廉洁政府、廉洁社会建设具有重要意义。

1. 政策背景：借鉴综合，进行顶层设计

自2005年以来，全国各地陆续针对社会领域内防腐重点领域加以制度创新。例如，江苏省在全省1.2万个非公企业通过党支部系统建立起纪律监督组织；浙江省充分发挥行业协会的监管自律作用，鼓励企业在保持廉正和重视信誉基础上展开良性竞争；广东省通过网上平台公布合法中介组织名单及其信用等级，让“黑中介”和“假中介”原形毕露，等等。

发现并注意防治社会领域中的腐败，湖北省并不是第一个，但湖北省是第一个对社会领域防治腐败工作进行全面设计的省份。在借鉴其他省份经验的基础上，湖北省更注重对于社会领域腐败现象的综合治理。《意见》按照“先行试点、分类指导、稳步推进、逐步覆盖”的思路统筹推进社会防腐，实现遏制腐败案件易发多发势头的短期目标，并提出通过3～5年努力，加快建立社会领域防治腐败长效机制。

2. 政策内容：突出六大领域，进行重点整治

“社会领域”在《意见》中包括了国有企业、事业单位和非公有制经济、社会组织、市场中介组织和基层群众性自治组织在内的六大防腐重点领域。湖北省出台的《意见》吸收了各地防治社会领域腐败制度创新方面的经验，将非公有制经济、社会组织和市场中介组织三大领域内的腐败防治视为重点。同时，《意见》加强了与公权力联系更密切的社会领域腐败的防治力度，即对国有企业、事业单位以及基层群众性自治组织的腐败防治。针对这些与公权力联系更为紧密的社会领域，《意见》提出三个方面的防治措施：一是深度调整企事业单位的现行体制，强调引入现代企业制度特别是互相制衡的权力运

行机制；二是加强企事业单位自身内部控制和来自社会的外部监督，指出要严厉查处基层群众性自治组织中贪污政府性补贴及强农惠农资金的行为；三是加快促进改制后的机构与政府部门脱钩，避免场所共用或人事交叉为腐败提供温床。

3. 政策评价：定好防治基调，仍需完善实操

《意见》虽然给未来3～5年内湖北省内社会领域腐败问题的防治定下了基调，但在实际操作层面，例如，各项工作由哪些部门主导、管理、监督、评估等尚未做出具体规定，而且没有配套的相关法律制度，等等。由于社会领域的腐败往往处于“灰色地带”，较之公务腐败更加难以定性。因此，完善配套措施、细化规章制度，并进行相应的公民教育应是未来防治社会领域腐败工作的着力点。

（文/范阅倩）

12月　北斗导航系统助推中国实力提升

“八项规定”拉开执政党作风建设大幕

中央经济工作会议定调发展方向

中央农村工作会议增添“三农”工作新内容

铁门关、阿拉山口设市推进边疆治理模式转型

国家人才人事制度改革将采取新措施

中国建成自主可控的卫星导航系统

部分地方开展“智慧城市”建设试点

“八项规定”拉开执政党作风建设大幕

2012年12月4日，习近平主持召开中央政治局会议，审议通过关于改进工作作风、密切联系群众的“八项规定”（以下简称“八项规定”），就改进党的作风建设提出具体要求；① 21日，中央军委出台《加强自身作风建设十项规定》。为落实上述规定，各地各部门纷纷制定实施细则。

1. 举措务实，中央身体力行

八项规定包括改进调查研究、精简会议活动、精简文件简报、规范出访活动、改进警卫工作、改进新闻报道、严格文稿发表、厉行勤俭节约。相较以往，八项规定体现出针对性，突出可操作性，为抓好落实提供了有利抓手。例如，到基层调研要“多同群众座谈，多同干部谈心”，“不张贴悬挂标语横幅，不安排群众迎送，不铺设迎宾地毯，不摆放花草，不安排宴请”；改进文风要“开短会说短话，力戒空话套话”；出访“不安排中资机构、华侨华人、留学生代表等到机场迎送”；要“减少交通管制，一般情况不封路、

① “中共中央政治局召开会议，审议有关工作作风、密切联系群众的有关规定［N］. 人民日报，2012-12-05.

不清场闭馆”。

八项规定是对党的十八大精神的重要贯彻，[①] 展示了新一代中央领导集体改进作风的决心和意志。会议强调，抓作风建设，首先要从中央政治局做起，要求别人做到的自己先要做到，要求别人不做的自己坚决不做。2012 年 12 月 7 日至 11 日，习近平在深圳视察期间，不封路、不扰民、不清场、不挂横幅、不铺地毯、不搞列队迎送、不安排任何宴请、入住普通商务套房，为广大领导干部做了表率。[②]

2. 多措并举，各地落实细化

中央提出八项规定后，各地积极落实。在改进调查研究方面，北京市规定，市委市政府主要领导调研时，陪同的有关部门负责同志不超过 5 人；[③] 甘肃省则要求，省委常委每年到基层调研的时间不少于 60 天。[④] 针对会议工作烦琐问题，安徽省规定：每月第一个完整周为“无会周”，全省性会议的时间不得超过两天。[⑤] 在精简文件简报方面，湖北省规定，省委相关文件一般不超过 3500 字，简报不超过 1000 字。

另外，多个省份出台了具体措施，贯彻落实厉行勤俭节约的要求。如新疆维吾尔自治区规定，对外接待工作用餐不超过 45 分钟；[⑥] 山东省要求，省

---

① 党的十八大对党的作风建设做出了明确部署，要求“坚持以人为本、执政为民，始终保持党同人民群众的血肉联系”，强调“坚持艰苦奋斗、勤俭节约，下决心改进文风会风，着力整治庸懒散奢等不良风气，坚决克服形式主义、官僚主义，以优良党风凝聚党心民心、带动政风民风”。“八项规定”正是对此部署的落实。

② 陈晓薇、季杰．不负重托的深圳答卷［N］．深圳商报，2013-12-07.

③ 马力．市领导调研，参加部门不超 5 人［N］．新京报，2014-01-30.

④ 中共甘肃省委常委会关于改进工作作风密切联系群众的规定［N］．甘肃日报，2012-12-24.

⑤ 宗禾．安徽省委常委会提出改进工作作风三十条［N］．安徽日报，2012-12-28.

⑥ 成立新．新疆维吾尔自治区常委党委会作出改进工作作风十项规定［N］．新疆日报，2012-12-26.

委常委到基层一律在定点宾馆住宿，不住超规格套房；[①] 湖南省规定，严禁豪华装饰公务用车，逐步换乘国产自主品牌汽车。[②]

3. 以作风整党风，以党风赢民心

改进工作作风、密切联系群众，关系到党和人民事业的成败。党的组织建设、制度建设的成效，往往通过作风建设反映出来，也最为人民群众所关注。执政党历来重视作风建设问题，1945 年，毛泽东在党的七大上做的《论联合政府》的政治报告中明确提出“理论和实践相结合的作风、和人民群众紧密地联系在一起的作风以及自我批评的作风”的“三大优良作风”；一直到党的十七届四中全会提出“大兴密切联系群众之风、求真务实之风、艰苦奋斗之风、批评和自我批评之风”。这些无不表明，执政党对作风建设这一问题历来非常重视。而当改革开放进入攻坚阶段，作风建设已经成为提高执政能力、保持和发展先进性的必然要求，是做好新形势下反腐倡廉工作的应时之举。以八项规定推进党的作风建设，把握住了“加强党的执政能力建设、先进性和纯洁性建设”这条党建主线。而八项规定针对的八种不良之风若得不到及时惩治，将严重伤及党的执政基础，最终危及改革发展的大局。

虽然八项规定的贯彻落实情况开局良好，但作风建设仍任重道远，改进作风，重在实际行动，贵在持之以恒。同时，改进作风既应成为党员干部的自觉追求，更要有制度支撑和体制保障。在出台这些规定之余，还应构建出一套系统完备、科学规范、运行有效的制度体系。

（文/姚姚）

---

① 滕敦斋．省委召开常委会议研究制定落实中央政治局八项规定的十条实施办法［N］．大众日报，2012-12-29.

② 陈亚静．省委约法九章力促干部改进工作作风［N］．湖南日报，2012-12-27.

中央经济工作会议定调发展方向

2012年12月15日至16日，中央经济工作会议在北京举行。2012年以来，国际经济形势日趋严峻，国内改革发展稳定任务繁重。在此形势下，会议明确了稳中求进总基调，部署了稳增长、重质提效、深化改革三大目标，为新一年经济工作指明前进方向。根据会议部署，各地方各部门着手贯彻落实。

1. 扩大内需，开拓经济增长空间

出口、投资、内需是拉动经济发展的三驾马车。在改革开放的第一个30年里，出口和投资处于主导地位，内需是三者中的软肋。面对世界经济颓势，扩大内需成为应对危机、保障增长的必备措施。鉴于此，会议提出两大任务：第一，积极稳妥推进城镇化，着力提高城镇化质量。城镇化是扩大内需的最大潜力所在，将推动对基础设施、住宅、耐用消费品等的需求；还能提升农民收入，释放农村购买力，拉动经济增长。2011年，中国城镇化率首次突破50%，但仍低于世界平均水平，发展潜力巨大。因此，要有序推进农业人口市民化，逐步让2亿多农民工真正转变为市民。第二，加强民生保障，提高人民生活水平。重点保障低收入群体基本生活，注意稳定和扩大就业，以避免消费水平下滑，稳定内需。这既需要政府加大投入，也要靠人民勤劳致富。

2. 重质提效，实现持续健康发展

2012年，中国经济最突出的问题，不是增速问题，而是质量和效益问题。经济发展对规模、劳动力、资源的依赖仍然严重，不平衡、不持续、不可协调问题依然突出。因此，会议对新年经济并未提出具体的数字目标，而是强

调稳中求进，实现经济“持续健康发展”；相对于此前的“平稳较快发展”，摒弃了单纯追求GDP增长的观念。① 决策多处体现了这一点：首先，将经济发展速度限定在“尊重经济规律、有质量、有效益、可持续”的基础之上；并以此为基点，加强和改善宏观调控。其次，调整经济结构、转变经济发展方式，将经济工作的重心转向科教、创新、改善民生、绿色GDP等新领域。

3. 统筹谋划，全面深化体制改革

2012年，改革已进入深水区、攻坚期。以往的改革是为了提高经济总量，阻力较小；如今的改革要着力提高经济质量，必将打破原有的发展模式，改变既有的分配格局，面临更大阻力。深化改革，就要敢于啃硬骨头，向渐进式改革进程中形成的顽瘴痼疾开刀。因此，会议强调要深入研究改革的“顶层设计和总体规划”，首次提出“增强改革的系统性、整体性、协同性”，并在此基础上制定总体方案。② 这就要求顶层设计与基层突破相结合，既要落实已经出台的改革措施，又要从解决当下突出矛盾出发，及时推出改革新举措。

4. 改革之要，重在落实贵在实干

根据会议部署，各部门各地方着手贯彻落实。12月21日至22日，中央农村

---

① 会议提出，2013年经济工作的一大任务是“加强和改善宏观调控，促进经济持续健康发展”。具体要求有：必须坚持发展是硬道理的战略思路，决不能有丝毫动摇。党的十八大强调要推动经济持续健康发展，要求的是尊重经济规律、有质量、有效益、可持续的速度，要求的是在不断转变经济发展方式、不断优化经济结构中实现增长。

② 会议提出，2013年经济工作的一大任务是“全面深化经济体制改革，坚定不移扩大开放。”具体要求有：要坚定信心、凝聚共识、统筹谋划、协同推进，坚持社会主义市场经济的改革方向不动摇，增强改革的系统性、整体性、协同性，以更大的政治勇气和智慧推动下一步改革。要落实已经出台的改革措施，同时从解决当下突出矛盾出发，及时推出改革新举措。要深入研究全面深化体制改革的顶层设计和总体规划，明确提出改革总体方案、路线图、时间表。

工作会议召开，提出“守住一条底线”和“抓住两个关键”。12 月 25 日，国务院出台《关于深化电煤市场化改革的指导意见》，取消重点电煤合同和电煤价格双轨制，让市场对电煤资源配置起更大作用。12 月 28 日，《证券投资基金法》修订通过，私募基金获得了合法地位，有利于改善民间金融状况、激发国民经济活力。

中央经济工作会议定基调、指方向，社会各界抱有极大热情，并期待各项部署在新的一年能真正落实，特别是能通过“两会”加以制度化和法律化。有些外媒指出，作为全球第二大经济体，中国若能实现会议提出的发展目标，将会对世界经济形势产生积极作用。当然，深化改革是一场攻坚战，不可能一蹴而就。此次会议的最大意义在于，为未来十年经济发展提供了路线图、时间表，并依此深化改革，从而实现到 2020 年全面建成小康社会的奋斗目标。

（文/张强）

中央农村工作会议增添“三农”工作新内容

2012 年 12 月 21 日至 22 日，中央农村工作会议在京召开，讨论通过了《关于加快发展现代农业进一步增强农村发展活力的若干意见》（以下简称《意见》）。当下，农业现代化是“四化”短板，城乡发展差距过大，制约了全面建成小康社会进程。因此，在保供增收惠民生①的基础上，此次会议明确“改革创新添活力”的新目标，要求“创新农业经营体制”，做到守住一条底

① 保供增收惠民生是指，确保粮食供给、促进农民增收、加大城乡统筹。《意见》指出，要建立重要农产品供给机制，确保国家粮食安全，保障农产品有效供给。要建立农业支持保护制度，加大强农惠农富农政策力度。要改进农村公共服务机制，推进城乡公共资源均衡配置，推动社会事业发展和基础设施建设向农村倾斜。

线和抓住两个关键。

1. 守住流转底线，不限制不强制

基于农村土地制度，农民对土地拥有使用权，但土地使用权流转受到严格限制。一方面，外出务工的农民难以流转闲置土地，不利于有效利用农地、发展农业生产。另一方面，大部分农民仍以土地为生，而资本下乡、土地征收等尚未得到有效规范和监管，导致失地农民增加，损害农民利益，影响农村稳定。

此次会议指出，不限制、不强制流转承包土地。一方面，要开展农地确权、登记、颁证工作，明确土地承包经营权的物权性质，完善使用权能，提高资本价值。① 另一方面，要规范农地流转，尤其要保障贫困农民的土地权利，保障土地的农业用途。② 此前，2012 年 11 月 28 日，国务院常务会议也指出，要在农村推进改革、健全法治，严格约束占用耕地，切实维护农民利益。

2. 创新经营体制，培育新型主体

1982 年家庭联产承包责任制确立，家庭成为农业生产经营的基本单位。随着市场经济的发展，家庭分散经营、规模过小，难以形成规模经济效益，局限性日益突显。因此，会议提出，要创新农业经营体制、培育新型经营主体。第一，提高农户的集约经营水平，引导农户采用先进适用技术和现代生产要素。第二，扶持联户经营、专业大户、家庭农场，发展多种形式的新型

① 《意见》中“五、改革农村集体产权制度，有效保障农民财产权利”指出，“用 5 年时间基本完成农村土地承包经营权确权登记颁证工作，妥善解决农户承包地块面积不准、四至不清等问题……农村土地确权登记颁证工作经费纳入地方财政预算，中央财政予以补助。”

② 《意见》中“三、创新农业生产经营体制，稳步提高农民组织化程度”指出，“坚持依法自愿有偿原则，引导农村土地承包经营权有序流转……土地流转不得搞强迫命令，确保不损害农民权益，不改变土地用途，不破坏农业综合生产能力。”

农民合作组织。第三，培育壮大龙头企业，发展“农户+企业”，让农户分享加工销售收益。可以看出，提高农民组织化程度，探索以农户为主体、多种形式并存的生产经营模式，有助于发展现代农业，提高农民生活水平。

3. 健全服务机制，城市反哺农村

在改革的第一阶段，农村支持城市，资源单向流动，城市优先发展。构建农业社会化服务新机制，既是促进农业发展转型的需要，又是城市反哺农村的必备措施。会议强调，从市场准入、资金支持、人才引进等方面，加大对农村的扶持力度。第一，强化公益性服务体系，创新服务机制和服务内容，如支持高等学校、职业院校、科研院所开展农业技术推广。第二，培育经营性服务组织，发挥生力军作用，如支持专业服务公司、专业技术协会、涉农企业等参与良种示范、信息提供等生产性服务。

4. 改革行稳致远，破解三农问题

此次会议全方位、更彻底地部署三农改革，有利于从根本上解决农业发展方式落后、城乡差距增大、城乡二元结构等问题。在经济下行的国际环境下，也有助于扩大内需，激发经济活力，实现经济持续稳定健康发展。

此次会议的决议得到广泛好评，但学术界对此也有一些争议。以基础性的农地产权问题为例，部分经济学家认为，农业发展有其自身规律，国家干预会破坏市场环境，引发严重后果；当务之急应是明确农民享有土地所有权，允许自由买卖。也有学者认为，农民更关心土地使用权而非所有权；农地私有会造成更多农民失地，国家应限制农地流转。

可以预见，三农改革的步伐将十分稳健。而在诸多争议尚无公论之际，促进农村发展、农业转型、农民增收始终是农村工作的基本课题。

（文/张强）

铁门关、阿拉山口设市推进边疆治理模式转型

2012年12月27日，经国务院批准，新疆维吾尔自治区新设铁门关市与阿拉山口市。而在12月24日，新疆生产建设兵团（以下简称“兵团”）各农业师正式更名，由“兵团农业建设第×师”变为“兵团第×师”。新设行政区以及变更兵团名称，是转变治理方式、促进经济发展的重要举措。

1. 沿用师市合一，提高治理水平

铁门关市由自治区直辖，兵团管理，阿拉山口市由博尔塔拉蒙古自治州管辖，两市均按照“师市合一”的模式管理。由于历史原因[①]，新疆治理具有特殊性，其诸多地区处在兵团管理之下。兵团“军政企合一”，兼具屯垦和戍边的职能。[②]“师市合一”，则是兵团下辖的农业师和自治区直辖县级人民政府实行“一套人马，两块牌子”，合署办公。这种治理模式，融合了新疆特殊的兵团体制和中国通行的地方政府体制，是行政管理制度的一大创新。该模式有利于完善政府机构设置，减少行政层次，提高行政效率；也有利于解决兵团作为军队组织的行政法律地位不明确、行政职能不完备的问题；

---

① 早在西汉，就出现了在新疆进行“屯垦戍边”并历代相传，尤以西汉、唐、清三朝为鼎盛时期。屯垦戍边成为中国历代王朝治理新疆的政策。1949年中华人民共和国成立，新疆军区发布命令，要求全体军人参加劳动生产。1952年2月，中央军委主席毛泽东发布命令，号召把战斗的武器保存起来，拿起生产建设的武器。1953年5月，驻疆人民解放军二、六两军四个师、第二十二兵团和五军（民族军）一部，集体就地转业，组成生产大军。见赵曼．筑起固边强国的铜墙铁壁——“屯坑戍边”在新疆[N]．中国民族报，2009-11-06.

② 屯垦戍边：屯垦即开垦荒地、兴修水利、发展农业生产；戍边则保卫国防、巩固治安。因此，兵团既要承担加强国防建设、维护祖国统一的政治军事任务，又要承担开发当地资源、发展农业生产的经济生产任务。

还有利于处理好特殊体制与市场机制之间的关系。在新设行政区沿用“师市合一”①，表明中央对这种新型治理模式的认可。

2. 完善市场机制，扩大对外开放

传统兵团由于其组织性质和治理习惯，计划经济色彩重、注重集中统一、行政命令多，越来越不能适应市场经济的发展，不利于对外开放。而在“师市合一”模式下，新建市政府可以充分发挥政府职能，提供优惠政策，招商引资，吸引国内外知名企业落户当地；同时，通过市场化的手段和机制，发挥资源和组织优势，为落地企业提供便利条件，从而推进二、三产业快速发展。

此外，建立阿拉山口市，对提高新疆对外贸易水平也有诸多裨益。阿拉山口口岸距哈萨克斯坦多斯特克口岸12公里。阿拉山口市设立后，将有助于当地克服发展过程中管理体制不顺、服务职能缺位、财力支撑不足等问题，发挥其作为国家重要能源资源大通道的作用，巩固新疆向西开放“桥头堡”的地位。

3. 转变兵团职能，全面发展经济

兵团更名后，去掉了“农业建设”。这意味着，兵团发展由农业经济为主转向一、二、三产业全面发展，兵团职能从“屯垦戍边”转向“建城戍边”。过去，兵团致力于发展农业，形成以农业为主导的经济格局，为经济发展和社会稳定做出巨大贡献。进入“三化”建设新阶段后，以城镇化、新型农业

① “师市合一”源于“石河子模式”。农八师石河子市是最早实行“师市合一”的兵团城市。最初建立石河子市时，兵团下属的农八师机关与自治区直辖的石河子市人民政府机关及其各所属部门实行“一个机构、两块牌子”，合署办公。农八师政委兼任石河子市委书记，农八师师长兼任石河子市市长。

化、农业现代化建设为路径，新疆致力于打造经济发展新格局，[①] 带有“农业建设”的名称已不适应发展要求。此次更名，指明了兵团及各师的发展方向，有利于促进经济全面发展，稳疆兴疆，富民固边。

4. 明确方向目标，因时因地制宜

来自社会各界的评论普遍认为，相关举措对于促进经济发展、维护地区稳定、完善治理模式具有重要意义。但是，由于“师市合一”体制本身尚在探索改进之中，所以仍有不足之处，如兵团与政府关系不够清晰、管理不够顺畅、配套机构设置不够完善等。因此，如何逐步推行和完善这种治理模式仍需逐步探索。无论如何，建立既能适应当地特点，又能服务经济发展的行政管理制度，将是未来新疆治理的基本发展方向。

（文/张可）

国家人才人事制度改革将采取新措施

2012 年 12 月 18 日，人社部表示，2013 年将深化事业单位人事制度改革，推进各行业职称制度改革。12 月 28 日，全国人才工作座谈会指出，要加强吸引海外人才，激发人才创造力，形成具有国际竞争力的人才制度。随着国家系列政策的出台，人才人事制度改革不断深化。

1. 推进职称改革，深化人事改革

人社部表示，2013 年将全面开展中小学教师职称改革，启动工程技术人

① 2010 年，兵团党委六届五次全委（扩大）会议首次提出“以城镇化、新型工业化、农业现代化建设为路径推进兵团跨越式发展”。以“三化”为路径提出几年来，兵团经济总量翻了一番以上，实现了以“农业经济”为主导向以“工业经济”为主导转变，兵团特色城镇体系、产业园区布局和现代产业体系初步建立。

员职称改革试点，研究提出会计、技校等系列职称改革意见。改革职称制度，重点要解决评价标准不科学、评价机制不完善、与事业单位聘用不衔接，特别是等级设置不合理的问题。分类改革职称制度，有助于健全人才评价发现机制，拓展人才发展空间，促进经济又好又快发展。

此外，人社部表示，2013 年将继续深化事业单位人事制度改革，并明确四大重点：第一，加快推进人事管理立法进程。实施《事业单位工作人员处分暂行规定》，出台《事业单位人事管理条例》及其他配套规定。第二，完善聘用合同制度。规范合同管理，完善聘后管理机制。第三，完善岗位设置管理制度。探索动态管理，制定专业技术一级岗位实施方案。第四，落实和规范公开招聘制度。加强政策指导和监督检查，推动分业分类实施。

2. 注重人才回流，吸引外国人才

首先，加大人才吸引力度。随着综合国力的增强，中国正从人才流失国转为海外人才回流接纳国。2008 年金融危机以后，以“千人计划”① 为龙头的海外引才工作快速推进，中央层面引进 2700 余名海外人才。12 月 28 日，全国人才工作会议强调，要深入实施“千人计划”，稳定规模。在中央政策的带动下，多地政府结合自身实际，出台引才政策，如北京“海聚工程”、江苏“双创计划”等。

其次，完善引才结构。全国人才工作会议强调，要加强对海外引才工作指导，确保质量、优化结构。海归总量迅速增长的同时，人员结构从“高精尖”向多层次扩展，分布地域从沿海发达城市向中西部地区扩展，从业领域

---

① “千人计划”，全称是海外高层次人才引进计划。主要是围绕国家发展战略目标，从 2008 年开始，在国家重点创新项目、学科、实验室以及中央企业和国有商业金融机构、以高新技术产业开发区为主的各类园区等，引进 2000 名左右人才并有重点地支持一批能够突破关键技术、发展高新产业、带动新兴学科的战略科学家和领军人才来华创新创业。

从科研向创业、公共服务等方面多元化扩展。

最后，吸引外国人才。国际人才竞争战略逐步从人才回流，到吸引外国人才与之并重。12 月 11 日，中组部等 25 个部门联合下发《外国人在中国永久居留享有相关待遇的办法》，为吸引外国人才提供配套制度。此《办法》规定，持永久居留证的外籍人员除依法规定不可享有的特定权利和义务外，原则上和中国公民享有相同权利，承担相同义务。

3. 联动人才人事，增强改革实效

当今世界中综合国力的竞争，归根结底是对人才的竞争。随着我国经济社会持续转型、发展，对专业技术人才、高层次人才的需求日趋迫切。中央出台一系列政策，推动人才制度改革，有利于建设规模宏大、素质优良的人才队伍，实现本土及海归人才的结构性融合，助力经济增长，提升国际竞争力，为全面建成小康社会提供人才支撑。

而要把握这一历史机遇，势必要深化企事业单位人事制度改革，在人才招聘、上岗、管理、流动等各环节实现规范透明。联动人才制度与人事制度改革，有利于营造公平正义和谐的就业氛围，有利于激发国外留学人才报效祖国的热情。而国内外人才会聚过程的不断推进，也将为缩小行业和地区差距、优化劳动力供给结构、应对劳动力用工成本上升等问题提供才智支持。

（文/范阅倩）

中国建成自主可控的卫星导航系统

2012 年 12 月 27 日，由中国自主建设、独立运行的北斗卫星导航系统（以下简称“北斗”），向亚太地区正式提供区域服务。这标志着，北斗系统

已形成区域覆盖能力，完成了“三步走”战略[①]的第二步。

1. 性能不逊美国，拥有通信绝技

中国北斗，与美国 GPS、俄罗斯格洛纳斯系统、欧盟伽利略计划，并称全球四大卫星导航系统。首先，北斗的总体性能已与美国 GPS 相当。美国 GPS 开发最早，发展最为成熟，应用最为广泛，占据了绝大部分市场份额，对“后来者”中国北斗投入市场构成最大挑战。截至 2012 年底，北斗已经能像其他系统一样，独立提供源定位、连续无源定位、卫星导航、双向授时等服务，性能不逊 GPS。并且，北斗拥有卫星短信功能，是冲击市场的独门绝技。北斗终端拥有 9 键数字和字母键盘，可编辑短信、发送信息，与其终端或指挥中心交流。其他系统只能定位和导航，而北斗还可以将用户的位置信息发送出去，使其他人获知用户情况，同时解决“我在哪”和“你在哪”的问题。[②]

2. 推进信息化建设，加快产业化发展

北斗服务亚太，是信息化建设以及卫星导航产业发展的里程碑。一方面，标志着我国在信息化进程中迈出了一大步。2000 年以来北斗的建成及使用，打破了发达国家的技术垄断，夯实了我国信息化建设基础。而 2012 年北斗扩大覆盖范围，提升服务性能，涵括亚太大部分地区，则是我国信息化进程的又一大步。另一方面，有助于发展卫星导航产业。卫星导航产业已成为继移动

---

① 卫星导航系统是以卫星为空间基准点，用户利用接收设备测定至卫星的距离或多普勒频移等观测量来确定其位置和速度的系统。基于战略需求的考虑，我国于 20 世纪 80 到 90 年代制定了北斗“三步走”发展战略：第一步，在 2000—2003 年建成北斗系统，解决自主卫星导航系统的有无问题；第二步，建设北斗系统，2012 年形成区域覆盖能力；第三步，到 2020 年前后形成全球覆盖能力。

② 张晓祺、张利文．北斗导航四大亮点［N］．解放军报，2012-12-28.

通信和互联网之后，全球第三个发展最快的电子信息产业。北斗的一流性能和独特技术，有助于中国加快发展卫星导航产业，形成包括基础产品、应用终端、运行服务等在内的较为完整的产业体系。北斗系统新闻发言人冉承其表示，2012 年我国相关产业已经超过 1200 亿元，未来有望突破 5000 亿元。

3. 保护空间资源，增强军事实力

现代社会资源稀缺，空间资源日益成为各国关注和争夺的重点。在外层空间重要的同步轨道上，为了避免卫星相互干扰、撞击，卫星必须有一定的安全间距。按照联合国国际电信联盟的规则，卫星频率的使用权属于先发射的一方。2012 年，北斗发射了 4 箭 6 星，为我国积极争取和维护正当的空间资源权益打下了基础。同时，北斗的军事用途不可小觑。从过往经验来看，卫星导航系统建设的出发点都是应对军事威胁和压力，增强军事实力。例如，美国、苏联都是在“冷战”时期建立起卫星导航系统的，伽利略系统是欧洲独立防务计划的重要组成部分。2011 年底，中国正式宣布北斗投入使用，在一定程度上打破了美国的技术垄断，军事实力大大增强。

4. 解决技术难题，拓展商业应用

尽管北斗建设已经取得阶段性的成功，但仍需清醒地认识到，其未来发展面临诸多挑战与不确定性。最大的挑战在于缺少核心部件、缺乏核心技术。核心技术无法进口、自主研发周期较长、资金需求较大等，是北斗建设面临的实际困难。此外，北斗系统商业化应用还未完全开启，装载北斗系统的芯片以及兼容终端等方面的制造还显滞缓，北斗系统商业化应用仍然需要行政力量推动。2013 年 1 月 14 日，交通运输部要求 9 个示范省市 80% 以上的大客车、旅游包车和危险品运输车辆，安装北斗系统车载终端。但是，由于北斗的技术成熟程度有待提升，行政力量推动其商业化应用的效果仍然需要进一

步观察。总体而言，在未来的市场开拓以及产业链延伸等方面，北斗系统仍然有很大的提升空间。

（文/冯源）

部分地方开展“智慧城市”建设试点

“十二五”期间，我国将智慧城市建设作为发展新兴产业、提升城市化质量的重要途径。至2012年9月，全国47个副省级以上地方的规划文件中，有22个明确提出智慧城市建设。其中，北京、上海、广州、深圳、杭州、南京、宁波、武汉、厦门等地已制定专项规划。智慧城市建设正在全国范围内广泛展开。

1. 发展信息技术，打造创新城市

近年来，通信网络逐步向数字化、智能化、宽带化方向发展，宽带用户、移动通信用户逐渐增多，对城市现代通信科技网络提出了更高要求。实施智慧城市3年行动计划以来，上海不断推进光纤通信、数据通信、卫星通信、无线通信等多种技术手段的立体化现代通信网络建设，至2012年12月取得了“光纤到户覆盖能力和用户规模居国内第一”“无线局域网覆盖密度和规模国内第一”“城域网出口带宽国内第一”“高清电视和高清交互式网络电视（IPTV）用户数全国第一”“三网融合试点业务用户规模全国第一”等突出成果。这充分显示，在科技打造智慧城市方面，上海已走在国内众多智慧城市前列，也体现了其作为国际化大都市所迫切需要达到的水平。

2. 保护资源环境，建设两型社会

现代城市面临着人口膨胀、资源短缺、环境污染等问题，制约了城市发

展。有鉴于此，杭州在打造智慧城市时，深入贯彻“环境立市”战略，借助物联网、传感网等新技术，通过对能源生产、储运、应用和再生等环节减少能源资源消耗，发展新能源、新材料、信息网络、节能环保、生命科学等战略性新兴产业，实现城市的可持续发展。根据其山水园林的城市特色，杭州市通过提升生态文明水平，将之转化为发展优势，以打造全球领先的低碳城市发展模式。

3. 坚持以人为本，创新社会管理

在智慧城市的建设中，政府利用新一代信息技术，建立实时更新的控制和协调系统，实现智慧化管理，以与日益复杂的城市实体系统协调一致，实现宜居宜人目标。例如，北京市政府启动建设“轨道交通安全”、“极端天气条件下保持道路交通畅通”、“安全生产监管”、“‘城市生命线’实时监测”、“春节期间烟花爆竹综合管理物联网工程”、“重点地区综合管理”等十个物联网应用示范工程，城市管理向精细化方向发展。针对看病难，上海市政府通过智能化的信息系统，有效整合医护资源；针对上学难，杭州市已向所有公众开放图书馆，并计划全面推进终身教育；针对食品安全问题，一些地方正在不断完善“食品安全追溯系统”。

4. 发展新兴产业，优化产业结构

战略性新兴产业是当下各地经济发展的一大重点，党的十八大报告明确提出要“推动战略性新兴产业、先进制造业健康发展”。而加快建设智慧城市步伐，将有助于发展战略性新兴产业，为相关产业的“落地”提供示范和实践机会。在这方面，上海以信息化产业为基础、结合金融服务业，汇集了一批面向银行、保险等领域提供信息解决方案的企业，培养发展了一批与国际接轨的证券、财经和金融信息资讯平台，包括第三方支付、移动支付、网络

信贷等新业态的迅速增长。信息化与现代金融服务业的结合，对于上海接轨国际、构建国际金融中心起到了积极的推动作用。

5. 注重系统工程，科学规划构建

2011 年我国城镇化水平首次突破 50%，为发展带来巨大机遇，也对城市建设、社会管理、经济发展等提出了严峻挑战。智慧城市建设，是应对挑战的一种尝试，对于经济转型升级、有效利用能源、保护生态环境、人民安居乐业、建设和谐社会具有重要意义。

然而，我们也应看到，若不进行良好规划，各产业可能因难以协同发展而成信息孤岛；过分信息化，可能会压制公共生活，同时带来信息安全隐患。总而言之，智慧城市建设仍处在初步阶段，后续如何发展仍需"摸着石头过河"。

（文/刘欢骅）